法律专家为民说法系列丛书

法律专家
教您如何写法律文书

寒彻骨　张弘雨　丁　宁　编著

吉林文史出版社

图书在版编目（CIP）数据

法律专家教您如何写法律文书 / 寒彻骨，张弘雨，丁宁编著. — 长春：吉林文史出版社
（法律专家为民说法系列丛书 / 张宏伟，吴晓明主编）
ISBN 978-7-5472-2753-4

Ⅰ．①法… Ⅱ．①寒… ②张… ③丁… Ⅲ．①法律文书－写作－基本知识－中国 Ⅳ．①D926.13

中国版本图书馆 CIP 数据核字（2015）第 043891 号

法律专家教您如何写法律文书

编　　著	寒彻骨　张弘雨　丁　宁
责任编辑	李相梅
责任校对	宋茜茜
丛书主编	张宏伟　吴晓明
封面设计	清　风
美术编辑	李丽薇
出版发行	吉林文史出版社（长春市人民大街 4646 号） 全国新华书店经销
印　　刷	三河市祥宏印务有限公司
开　　本	720mm×1000mm　1/16
印　　张	12
字　　数	100 千字
标准书号	ISBN 978-7-5472-2753-4
版　　次	2015 年 7 月第 1 版
印　　次	2018 年 6 月第 3 次
定　　价	35.00 元

如发现印装质量问题，影响阅读，请与印刷厂联系调换。

法律专家为民说法系列丛书

编委会

主 编

张宏伟　　吴晓明

副主编

马宏霞　　孙志彤

编 委

迟 哲	赵 溪	刘 放	郝 义
迟海英	万 菲	秦小佳	王 伟
于秀生	李丽薇	张 萌	胡金明
金 昊	宋英梅	张海洋	韩 丹
刘思研	邢海霞	徐 欣	侯婧文
胡 楠	李春兰	李俊焘	刘 岩
刘 洋	高金凤	蒋琳琳	边德明

PREFACE

【前 言】

　　在百姓的日常生活中，随着法律意识的增强，越来越多的事情和纠纷需要通过法律的途径予以解决，而一件事情或一起纠纷要想启动法律程序，就必须有法律文书。那什么是法律文书呢？法律文书是指我国公安机关（含国家安全机关）、检察院、法院、监狱或劳改机关以及公证机关、仲裁机关依法制作的处理各类诉讼案件和非诉讼案件的法律文书和案件当事人、律师及律师事务所自书或代书的具有法律效力或法律意义的文书的总称，亦即指规范性法律文书（国家立法机关颁布的各种法律）以外，所有非规范性的法律文书的总称。

　　法律文书写作的实践性、综合性极强，普通百姓在文书制作过程中存在的问题和困惑，往往一个法律文书从哪里下手写起？怎么写？什么样的格式？都是一头雾水。作者在多年的法务工作中积累了一定的文书资料和写作经验，希望从文书制作格式、方法、语言、结构等方面给读者以帮助。本书分为两部分：第一部分讲解法律文书的概念和类别、法律文书的基本特点、作用、法律文书写作的基本要求等内容。第二部分是常用法律文书的讲解和制作，包括例文供读者参考。本书体现了指导性、理论性与实践性、适用性相结合的特点。读者可从中学习如何防范潜在的法律风险，从容应对法律纠纷，应用法律维护自己的权益。

　　由于作者水平及篇幅限制，不能将所有的法律文书在此穷尽，人生是不断学习的过程，本书定有许多不足之处，请读者予以谅解。

目 录
CONTENTS

第二章 婚姻家庭类法律文书

第三章 劳动类法律文书

第四章 行政类法律文书

第一篇

法律文书总述

一、法律文书的概念

法律文书是司法行政机关及当事人、律师等在生活中解决诉讼和非讼案件时使用的文书,是指我国公安机关(含国家安全机关)、检察院、法院、监狱或劳改机关以及公证机关、仲裁机关依法制作的处理各类诉讼案件和非诉讼案件的法律文书和案件当事人、律师及律师事务所自书或代书的具有法律效力或法律意义的文书的总称。在日常工作和生活中最基本的分类就是诉讼和非诉讼两类。

二、法律文书的类别

法律文书分类,根据各种不同的依据和目的等不同条件,有各种不同的分类方法,法律文书最简单的分类方法,就是诉讼文书和非诉讼文书的分类方法。诉讼类文书,就是以正确为原则,以鲜明为旨归,凡是在其中提出了诉讼当事人自己的诉讼请求、诉讼理由和诉讼的根据,并引起诉讼程序的发生文书;非诉讼文书主要是指公证、仲裁、律师,为办理非诉讼事件制作的,具有法律效力或法律意义的文书的总称。

三、法律文书基本内容

法律文书作为一种书面文体,其制作成文离不开主题、材料、结构、语言,这是文章最基本的构造单位。

四、法律文书的主旨

法律文书的主旨,就是文书制作者在文书中所表现的写作目的及其主张,也就是我们所说的普通文章的主题中心思想或基本观点。不同文种的法律文书,其主旨又有不同的表现。例如,刑事案件法律文书的主旨是有罪无罪,罪重罪轻,是否需要判处刑罚,以及怎样判处刑罚;民事案件法律文书的主旨是当事人是否具有某项权利和义务;行政案件法律文书的主旨是行政机关是否履行了其职责和是否侵权。

五、法律文书的材料

法律文书的材料是指文书制作者为某一制作目的,从办理的诉讼案件及非诉讼法律事务中,搜集、摄取并经过认真分析、归纳、取舍后写入文书的一系列事实、证据、法律条款和法学理论。法律文书的材料主要指案件或事件的事实和证据材料，其次是指用于论证的法律条款和法学理论。前者属于事实性材料，后者属于理论性材料。除此之外，法律文书的材料还包括：制作文书的主体、当事人和其他诉讼参与人的基本情况等。

法律文书的材料不同于其他文体的材料，有其自身的特点：第一，事实的真实性。法律文书的事实材料要求绝对真实，所反映的情节必须是客观存在的真实情况、事实的本来面目；引文材料必须经反复核对，出处准确无误，使用数据说明问题要求精确无比，绝不允许夸大或缩小事实，更不允许歪曲甚至虚构、捏造事实，这是法律文书写作的起码要求。第二，内容的客观性。法律文书主要是为了处理司法公务活动或解决日常生活中的某一具体法律事项而使用的文书，是实用文书的一种，解决实际问题的特点决定了其文体内容的客观性，进而也决定了使用材料的客观性。法律文书中的时间、地点、情节、人名、证据、数据等都来源于客观事实，绝不能像文学作品那样可以虚构。第三，法定的权威性。法律文书往往具有很强的政策性，有党的方针、政策作指引，以国家法律、法规为指导，以合理、切实可行的意见、措施及办法规范下级的行为，告之应该怎么做。只有这样，才能切实保证法律文书材料的权威性。第四，适用的现实性。法律文书的材料都是为了解决案件的具体问题而使用的，目的是为了正确运用法律，制裁犯罪、平息纠纷，其立足点仅涉及本案现时的法律现象。而不涉及过去或今后的人或事，因此具有很强的现实针对性。

六、法律文书的结构

所谓结构，是指文书内部各部分内容的组织安排和组织构造，是文书脉络层次和发展顺序的具体方式，是文书内存联系和外在模式的总括。即如何将收集来的材料组织起来，包括这篇文书分几个写作层次，先写什么，后写什么，详写什么，如何开头，怎样结尾，等等，所有这些问题，都要根据主旨的要求，从全局着眼，统筹安排结构，合理组织材料。结构安排的好坏，直接关系到文书的质量高低。法律文书不同于普通文章，法律文书结构的特殊性表现为"程式化"，即法律文书在结构形式上有相对固定的格式，内容安排上有比较固定的顺序。这种格式化既是执法的需要，也是我国长期司法实践中的经验总结。

1.基本结构格式

法律文书的制作主要有写作式和表格填写式两大类。其结构一般由首部、正文和尾部三部分构成。每一部分的内容都有其特定的要素构成。三部分各自的内容，在不同种类的法律文书中不完全一致，每一种文书都有各自的必备要素，即必备的几个方面的基本内容。但总体来说，法律文书结构中三部分及每部分包含的内容相对固定，大致如下：

首部：(1)文书制作机关名称、文种名称、编号；(2)当事人身份事项；(3)案由、案件来源等情况。

正文：(1)事实；(2)理由；(3)处理结论。

尾部：(1)交代有关事项'(2)签署、日期、印章'(3)附注事项。

2.正文部分结构形式

法律文书正文的结构形式主要是三段论式结构，即事实、理由和处理结论。

首先，事实是形成理由的基础和依据。事实的叙述一般承接首部的案由，边叙事，边列举论证分析，也可在叙述事实之后，集中陈述，分析论证。重点要把握好两点：一是把法律上构成案件的要素(时间、地点、人物、过程、目的、结果等)叙述清楚；二是用语言把事实表达清楚。

其次,理由是对事实的概括升华。论述理由离不开事实的叙述,离不开对照法律的具体规定。即理由要与事实保持一致;理由与适用的法律条款保持一致。

最后,根据事实和理由得出处理结论。它与理由有着内在的密切联系,但与理由的论述又有明显区别。

这种首先叙述案情事实,然后以法律衡量事实的是非对错,有罪或无罪,最后得出正确判断的方式,就叫"三段论法"。三段论式结构是法律文书正文写作中最为基本,最为普遍的结构形式。

法律文书的结构安排一是要准确地反映诉讼案件或非诉讼法律事务的客观规律及其内在联系;二是结构要服从文书主旨的需要;三是要适合各文种的特点和要求。安排结构一定要结合文种,从所写内容的实际情况出发,选择使用恰当的结构形式。

七、法律文书的表达

法律文书的表达主要有叙述、议论和说明,一般禁用描写或抒情的表达方式。因为法律文书具有高度的严肃性,旨在以理服人,而非以情感人,这是法律文书表达的重要特点。

叙述一般用于人物的经历、行为或事件的发生、发展、变化的过程的表述。法律文书中关于案情事实的叙述,最基本的方法是顺叙,即按照案件性质的要求,客观地将案情事实叙述清楚。只有事实叙述清楚准确,才能在此基础上进行分析说理,从而得出合理合法的处理结论。法律文书中案情事实叙述的总要求是:案情的来龙去脉、发展变化过程、因果联系及当事人的法律责任要叙述清楚。还要做到:事实要素完备、关键情节具体、因果关系明确、脉络层次清楚。

说理,就是讲述道理,论说是非曲直,一般文章也叫议论。它是作者通过事实材料和逻辑推理的方式来表明自己观点的一种表达方式。法律文书中的"理由"即说理的过程。理由是法律文书结构中极其重要的组成部分,它起到承上启下的作用,上承事实,下启结论,是文书的灵魂。它主要包括两大方面的内容:一是认定事实的理由,证明司法机关认定的案情事实是确凿无疑的;二是适用法律的理由,证明对案件的处理决定是合情、合理、合法的。总之,法律文书的说明必须坚持"以事实为根据,以法律为准绳"的原则。

说明是对客观事物的性质、状态、特征、成因、关系、功用或发生发展的解释、介绍,使人们对事物有着明晰的、完整的了解和认识的一种表达方式。说明的叙述方法在法律文书中的应用也非常广泛。一是部分文书全篇以说明为主,如有些表格填写式的送达回证、传票、拘传票、执行通知书等的填写以及现场勘查笔录、科学技术鉴定结论等文书,几乎全用说明。二是在叙述、议论之间,穿插使用说明的方法,如判决书中关于处理决定的说明等。法律文书中说明的应用通常涉及对人、现场及其他有关事项的说明。法律文书中的说明要做到把握特点、真实客观、言简意赅、言而有序。

八、法律文书的语言

语言是思想的外在表现,一切文字的材料都离不开语言,法律文书也是如此。由于法律文书是法律实施的依据和手段,它的实施直接关涉国家、集体及有关当事人的利益乃至身家性命。法律文书的制作又要求"以事实为根据,以法律为准绳",因此法律文书的语言运用显得尤为重要。

法律文书的语体,是根据语言风格的区别划分的语言类别。正像人们在不同的社会领域进行交流时,根据其不同的目的、内容、对象和环境而选择语言材料及表达手段,并形成其特定的语言风格体系。法律文书的语体特征概括为以下几点:首先,明确,即明白、准确。指法律文书遣词造句要准确,语义要单一。显然,任何语体都讲究用词准确。但法律文书写作中对字、词、句的准确性要求更为严格。因为法律文书是依法办案的重要凭证,它往往关系到当事人的荣辱福祸及生杀予夺。法律文书中使用的每个字、每个词、每句话都应是意思明确,恰如其分。既不能模糊不清,也不能模棱两可。如"违法"与"犯罪","不起诉"与"免予起诉","无罪释放"与"免除刑罚",每组词都是前者表示无罪,后者表示有罪,这涉及非罪与罪的界限问题,含糊不得,因为词语的失之毫厘,带来的可能将是对当事人处理结果的差之千里。其次,规范,即标准。法律语言的规范性主要体现在以下几个方面:一是指法律文书的组词造句、表情达意要遵守汉民族共同语——普通语的词语含义及语法规则;二是使用规范正确的法律术语;三是不使用方言、土语,不滥用外来词语;四是不生造词语,不使用已废用的古语词;五是不乱用异体字、繁体字及未经国家批准公布的简化字。但是,在少数民族聚居地及多民族共同居住地区,根据实际工作需要,司法机关在制作法律文书时可使用当地通用的一种或几种文字,但也要求符合该语言文字的使用规则。再次,简朴,即简要、质朴。一是指语言要简明扼要,言简意赅,在表意明确的前提下,不重复、不罗嗦,不写废话、空话、套话,做到惜墨如金。二是指语言要质朴平易,朴实无华,通俗易懂,力戒华丽词藻;不用过分地修辞、描写和抒情。对于案件中的一切事实、情节都恰如其分、实事求是地反映,不人为地夸大或缩小,尤其是归纳概括表述时,不能改变案件的性质,必须完全符合法律要求,无懈可击。最后,庄严,即庄重、严肃。指法律文书的语体特色必须与法律的权威性和庄严性一致。言必有据,不言过其实,不带个人情感色彩,不引用秽语、黑话、行话。法律文书常常涉及社会的阴暗面,如反映奸情类案件的文书,语言应克服叙述可能给社会带来的负面影响,最好用概括叙述,尽量避免原始引用。

第二篇

法律文书讲解及写作

第一章 民事诉讼法律文书

一、起诉状

民事起诉状:是指公民、法人或其他组织,在认为自己的合法权益受到侵害或者与他人发生争议或者需要确权时, 向人民法院提交的请求人民法院依法裁判的法律文书。

起诉条件

《中华人民共和国民事诉讼法》起诉必须符合下列条件:

(一)原告是与本案有直接利害关系的公民、法人和其他组织;

(二)有明确的被告;

(三)有具体的诉讼请求和事实、理由;

(四)属于人民法院受理民事诉讼的范围和受诉人民法院管辖。

起诉事项

《中华人民共和国民事诉讼法》第一百二十一条规定,起诉状应当记明下列事项:

(一)原告的姓名、性别、年龄、民族、职业、工作单位、住所、联系方式,法人或者其他组织的名称、住所和法定代表人或者主要负责人的姓名、职务、联系方式;

（二）被告的姓名、性别、工作单位、住所等信息，法人或者其他组织的名称、住所等信息；

（三）诉讼请求和所根据的事实与理由；

（四）证据和证据来源，证人姓名和住所。

民事起诉状基本格式

民事起诉状

原告名称：＿＿＿＿ 地址：＿＿＿＿＿＿＿ 电话：＿＿

法定代表人：姓名：＿＿＿＿＿＿＿＿ 职务：＿＿

委托代理人：姓名：＿＿＿＿ 性别：＿＿＿ 年龄：＿＿

民族：＿＿ 职务：＿＿ 工作单位：＿＿＿＿

住址：＿＿＿＿＿＿＿＿ 电话：＿＿

被告名称：＿＿＿＿ 地址：＿＿＿＿＿＿＿ 电话：＿＿

法定代表人：姓名：＿＿＿＿＿＿＿＿ 职务：＿＿

委托代理人：姓名：＿＿＿＿ 性别：＿＿＿ 年龄：＿＿

民族：＿＿ 职务：＿＿ 工作单位：＿＿＿＿

住址：＿＿＿＿＿＿＿＿ 电话：

诉讼请求

＿＿＿＿＿＿＿＿＿＿＿＿＿＿＿＿＿＿＿＿＿＿＿＿＿

＿＿＿＿＿＿＿＿＿＿＿＿＿＿＿＿

　事实与理由

＿＿＿＿＿＿＿＿＿＿＿＿＿＿＿＿＿＿＿＿＿＿＿＿＿

＿＿＿＿＿＿＿＿＿＿＿＿＿＿＿＿

证据和证据来源、证人姓名和住址

此致

_____人民法院

具状人:(签名)

年　月　日

附:1.合同副本 ____ 份。

2.本诉状副本 ___ 份。

3.其他证明文件 ____ 份。

注:

①事实和理由中应写清合同签订的经过、具体内容、纠纷产生的原因、诉讼请求及有关法律、政策依据。

②原告应向法院列举所有可供证明的证据。证人姓名和住所,书证、物证的来源及由谁保管,并向法院提供复印件,以便法院调查。

③本诉状适用于被告为法人或其他组织,公民个人诉讼只需将原告或原被告名称处调整,去除相应法定代理人或委托代理人即可。

书写要求

(一)首部应依次写明

文书名称"民事起诉状",原告和被告的基本情况。原告应写明姓名、性别、出生年月日、民族、职业、工作单位和住址。被告基本情况的写法和原告相同,如有的项目不知道的,可以不写,但必须写明被告的姓名或名称与住址或所在地址。因为"有明确的被告"是人民法院受理案件的法定条件之一。如有的被告下落不明(如离婚案件的对方当事人),则要说明原因和有关情况。

关于"住所、住址、所在地址"的提法问题。住所,通常亦称住所地。

公民的住所地是指公民的户籍所在地。起诉状中要求写明公民的住址，一般是指该公民的住所地的地址，但该公民的住所地与经常居住地不一致的，则可写经常居住的地址。为便于联系，提高办案效率，在诉状中应尽量写明原、被告的通讯号码(如办公电话、住宅电话、手机等)。

(二)正文包括以下内容

诉讼请求。要写明请求法院解决什么问题，提出明确的具体要求。如请求离婚，有多项具体要求的，可以分项表述。如在离婚案件中有三项具体要求的，写为：①请求判令原、被告离婚；②婚生子×××由原告扶养，由被告给付抚育费；③夫妻共同财产依法分割、债务依法承担。

事实与理由。要摆事实，讲明道理，引用有关法律和政策规定，为诉讼请求的合法性提供充足的依据。要讲明民事案件案情事实的六个要素。即时间、地点、人物、事件、原因和结果；叙事要真实。摆事实，是要把双方当事人的法律关系，发生纠纷的原因、经过和现状，特别是双方争议的焦点，实事求是地写清楚。讲道理，是要进行分析，分清是非曲直，明确责任，并援引有关法律条款和政策规定，便于法院依法审理。

证据及证据来源，证人姓名和住址。提起民事诉讼的原告负有举证责任，要能够举出证明案情事实，支持自己诉讼主张的各种证据，包括书证、物证、视听资料、证人证言、当事人的陈述、鉴定结论、勘验笔录，等等。列书证，要附上原件或复制件，如系摘录或抄件，要如实反映原件本意，切忌断章取义、并应注明材料的出处；列举物证，要写明什么样的物品，在什么地方由谁保存着；列举证人，要写明证人的姓名、住址，他能证明什么问题等。

尾部写明受诉法院名称，附件除写明起诉状副本×份外，提交证据的，还要写明证据的名称和数量。最后由起诉人签名盖章，写明起诉日期。

民事起诉状范文

原告：×××××股份有限公司

地址：××市××大路××号

法定代表人：

被告：×××

住址：××××市××路××大街××号

诉讼请求：

1.判令被告停止阻碍施工，立即配合恢复施工，完成燃气安装通气。

2.判令被告赔偿因其阻碍施工给原告造成的各项损失5740元。

3.判令被告承担本案诉讼费用。

事实与理由：

原告系保证××市居民、企业工商户用气的大型国有企业。2011年11月份，原告为保证城市安全供气，经市政府同意对位于××路××大街××号的居民楼进行了燃气管网改造，改造过程中该楼共6个单元，其中5个单元用户都非常支持配合原告的施工改造工作。现只有6单元一楼的居民即被告无理的阻止了施工，使得改造工程不能按时完成，致使4.5.6单元的43户用户停用气60天。为使该单元楼上43户居民尽早恢复供气，原告与房产所属的部队及当地公安、社区等同志曾多次一同找被告协商继续施工，至今未果，严重侵犯了原告及该单元43户居民的合法权益。为使该单元43户居民尽早恢复供气，保证社会和谐稳定，维护原告和居民的合法权益，原告依据《民法通则》第八十三条、《中华人民共和国物权法》第八十八条、《城镇燃气管理条例》第十九条、《××市燃气管理条例》相关法律法规的规定，对被告的阻碍施工的行为提起起诉,请求贵院依法维护原告及该楼居民的合法权益。

此致

×××市××人民法院

具状人:××××股份有限公司

××××年×月×日

附:本诉状副本1份

二、答辩状

民事答辩状,被告(人)、被反诉人、被上诉人、被申请(诉)人针对起诉状、反诉状、上诉状、再审申请(诉)书的内容时,阐述自己认定的事实和理由,予以答复和辩驳的一种书状。依照《中华人民共和国民事诉讼法》的规定,人民法院应当在立案之日起5日内将起诉状副本发送被告或被上诉人,被告或被上诉人在收到之日起15日内提出答辩状。提出答辩状是当事人的一项诉讼权利,不是诉讼义务;但被告人或被上诉人逾期不提出答辩状,不影响人民法院审理。答辩状分刑事答辩状和民事答辩状,它是与诉状和上诉状相对应的文书。是诉状中使用频率最高的文种之一。

答辩状的特点:民事答辩状在两种情况下提出:一是原告向第一审人民法院起诉后,被告就诉状(起诉状)提出答辩状。二是案件经第一审人民法院审理终结后,一方当事人不服,提起上诉,被上诉人就上诉状提出答辩状。人民法院在收到原告的起诉状和上诉人的上诉状以后,应当在规定的期间内将副本送达被告或被上诉人,被告或被上诉人应当在法定的期限内提出答辩状。

答辩状的作用：被告和被诉人通过答辩状，可以针对原告或上诉人提出起诉或上诉的事实、理由和根据以及请求事项，进行有的放矢的答辩，阐明自己的理由和要求，并提出事实和证据证实自己的观点。这样，人民法院可以全面了解诉讼双方当事人的意见、要求，对如何合理合法及时处理好案件。

答辩状的格式：答辩状由首部、答辩理由、尾部和附项三部分组成。

一、首部应写明下列内容：

标题。标题写明"刑事（或民事）答辩状"，"刑事（或民事）被上诉答辩状"。前者为第一审案件答辩状，后者为上诉案件答辩状。

答辩人的基本情况。当事人栏目，直接列写答辩人的基本情况。

被告人是公民的，就列写答辩人姓名，性别，年龄，民族，籍贯，职业和住址。有代理人的，另起一行列写代理人，并标明是法定代理人，指定代理人，还是委托代理人，并写明其姓名，性别，年龄，民族，籍贯，职业和住址。如果是法定代理人，还要写明他与答辩人的关系。如委托律师代理，只写明其姓名和职务。

被告人是企事业单位、机关、团体（法人）的，先列写答辩人及其单位全称和所在地。另起一行列写该单位的法定代表人及其姓名、职务。再另起一行，列写委托代理人及其姓名、职务。

对方当事人的情况不用单独列写，可在下面的答辩理由说明起诉人和上诉人是谁，起诉或上诉的案由是什么。

二、写明答辩事由。第一审案件答辩状和上诉案件答辩状其事由的写法不同。现分别说明如下：第一审案件答辩人是被告人，答辩事由的具体行文为："因××（案由）一案，现提出答辩如下："。上诉案件答辩状的答辩人是被上诉人，答辩状的具体行文为："上诉人×××（姓名）

因××(案由)一案不服×××人民法院××年×月×日×字第×号×事判决(或裁定),提起上诉,现提出答辩如下:"

答辩理由答辩的理由是答辩状的主体部分,写法没有统一的规定,一定要针对原告在诉状中提出的事实和理由,或上诉人在上诉状中提出的上诉请求和理由进行答辩,并可提出相反的事实、证据和理由,以证明自己的理由和观点是正确的,而提出的要求是合理的。

三、尾部和附项写明以下内容:

写明呈送的机关为"此致""×××人民法院";右下方写明,答辩人×××(签名或盖章)并注明年月日;附项,注明证物、书证的名称和件数。

答辩状基本格式

答辩状

答辩人:

名称:_____ 地址:_____ 电话:_____
法定代表人:姓名:_____ 职务:_____
委托代理人:姓名:_____ 性别:_____ 年龄:_____
民族:___ 职务:_____ 工作单位:_____
住址:_____ 电话:_____
答辩人因 _____ 一案,对上诉人 _____
(不服 _____ 人民法院 __ 字第 __ 号判决,提出答辩状)。
答辩的理由和根据:_____

此　致

_____人民法院

答辩人：_____（盖章）

法定代表人：_____（签章）

____年__月__日

附：答辩书副本 ___ 份。

注：答辩的理由和根据应着重陈述对上诉书中有关问题的意见，并列据有关证据和法律依据。[附：答辩书副本_____份。其他证明文件_____份。

答辩状范文

答辩人：××××××股份有限公司

住所地：××市××区××大路××号

法定代表人：李××　职务：董事长。

委托代理人：吴××，该公司法务部经理。

答辩人因杨××起诉××××××股份有限公司人身损害赔偿一案，现答辩如下：

1.我公司与此次事故无关，不承担任何责任。

根据××区交警大队做出的责任认定书认定，刘××酒后驾车对此次事故承担全部责任。

2.此次事故发生时我公司×××工程已竣工，恢复工程交由市政部门施工，故我公司对事故的发生无责任。我公司在此次事故发生地实施安装×××管线工程，该工程于2005年4月19日开工，2005年6月

3 日竣工，并进行了决算。在此次事故发生前我公司已经完成了全部××工程。根据长城乡政字(2003)84 号文件和××市建委的决定，该处道路复原工程由市政部门负责。我公司只承担相关费用，不参与施工工程。我公司于 2005 年 5 月 24 日与×××建设集团有限公司机械化分公司达成工程恢复协议，支付了全部费用。

　　以上事实充分证明，我公司在事故发生前××工程已经竣工，道路复原工程交由市政施工方承担，我公司在此次事故中无责任。综上所述，答辩人认为××市××区人民法院的原判决是正确的，合法而又合情合理，应予维持。

　　此致

　　××省高级人民法院

答辩人：××××××股份有限公司

×年×月×日

三、代理词

　　代理词概念：代理词是诉讼代理人(律师、法律工作者、公民)在庭审过程中，依据法律和事实，以维护委托人合法权益为目的，表明代理人对案件处理意见，独自使用的非正式文书，代理词最重要的部分是质证和辩论，质证和辩论是诉讼代理人多年的法学理论和经验的心得。一宗案件的代理词通常需要数小时甚至数天的时间来完成。

　　代理词的格式：相对于其他诉讼文书，代理词的写法比较灵活，并没有统一的格式，大体上仍然是由首部、正文和尾部三部分组成。首部、尾部的写法与辩护词大体相同。下面主要介绍代理词正文的写作要求注意事项：

第一，根据案件具体情况，抓住争执点，鲜明地提出代理意见，并围绕这一观点从多角度、多侧面展开论证。要从事实、证据、法理、逻辑等多方面进行分析。

第二，立足于事实和法律，针对实质性委托，进行准确、详尽而深入的剖析，支持其诉讼请求。

第三，代理词应当随着诉讼进程不断修改、充实和完善，注意及时吸收新出现的情况，弥补庭审过程中的漏洞。

第四，代理词的语言应当生动、简练、论点明确，逻辑性强；客观、全面，重点突出；通俗易懂，用词恰当，又留有余地。

代理词无法定的固定格式，但有大体通用的文章结构，一般的代理词由以下几个部分组成。

（一）首部

每一份代理词都应有一个确切的标题，标题应反映案件性质和所代理的当事人在案中的地位，例如"民事原告诉讼代理词"等，使听众一开始就了解代理词的性质。因为代理词是一种讲演辞，主要向合议庭陈述，因此开头的习惯称呼语是"审判长、审判员："。

（二）序言

序言亦即开场白，要尽量简洁，重点在代理意见部分。序言包括：1.说明代理人出庭的合法性，概述接受委托和受指派，担任本案当事人哪一方面的代理人；2.说明代理人接受代理后进行工作的情况，即在出庭前做了哪些方面的工作，如查阅案卷、调查了解案情等；3.表明代理人对本案的基本看法，也可以不说。如系上诉案件，则要说明对一审判决的看法和意见。

（三）正文

正文是代理词的核心内容。这一部分应根据具体案情、被代理人所处的诉讼地位、诉讼目的和请求以及被代理人与对方当事人的关系等因素来确定其内容。代理人应当在代理权限内，依据事实和法律，陈述并论证被代理人提供的事实与理由成立，从而支持其主张和请求，同时揭示、驳斥对方的错误。代理意见通常从认定事实、适用法律和诉讼程序等几方面或其中几个方面展开论述。一般地讲，代理意见的内容主要应从以下方面进行阐述：1.陈述纠纷事实，提出有关证据，反驳对方不实之处。2.纠纷的主要情节，形成纠纷的原因以及双方当事人争执的焦点进行分析，以分清是非，明确责任，认定性质；3.阐明当事人双方的权利和义务，促使当事人彼此之间互相谅解，把权利和义务有机地统一起来；4.提出对纠纷解决的办法和意见。这部分内容既要保护当事人的合法权益，又要考虑有利于纠纷的解决；5.如系二审，还应对原判决进行评论，提出要求和意见。这部分内容，要从具体案情出发，抓住本案的特点，有针对性地阐明几个问题，为解决纠纷提出切实可行的主张、意见、办法和要求，使案件得到正确、合法、及时的处理。

（四）结束语

本部分是归纳全文的结论性见解和具体主张，为被代理人提出明确的诉讼请求。要求语言不烦、简洁明了，使听众对整个代理词留下深刻、鲜明的印象。

代理词基本格式

诉××××一案代理词

尊敬的审判长、审判员（或人民陪审员）：　根据《中华人民共和国民事诉讼法》规定,××××××律师事务所接受本案当事人的委托,并指派我担任本案当事人××××××的诉讼代理人。接受委托之后,本诉讼代理人进行了阅卷并进行了全面调查,今天又参加了庭审,对于该案有了较为全面的了解。根据法律和事实,本诉讼代理人发表如下代理意见,请合议庭在合议时能予以考虑:

_____

_____

_____

_____

综上所述,代理人认为,为了维护当事人的合法权益,请合议庭依法公正判决。

代理人:(签名)

年 月 日

代理词范文

关于××××房地产公司诉××××××公司
财产损害赔偿案代理词

本律师受××××××股份有限公司的委托,代理与××市××××××房地产开发有限责任公司财产损害赔偿案件,结合有关证据以及法律规定,现就有关法律问题发表如下意见:

2011年3月12日,××省××市××区××路发生燃气爆炸,经××市政府有关部门认定,属于燃气意外泄露伤害事故。

现×××××房地产公司向×××××提出索赔,称爆炸事故造成其房屋租金的损失合计3052680元。按照侵权行为的构成要件:即行为的违法性、过错、损害结果以及侵权行为与损失之间的因果关系。结合本案事实,分析如下:

一、关于本次事故中我方应承担的民事责任和过错性质问题。

根据××市安全生产监督管理局提供给××市人民政府的《××市××区××路"3.12"燃气事故调查报告》以及××市人民政府关于上述报告的批复(××批复【2011】4号)载明,事故原因为:受天气变化影响,地下冻土层发生位移,挤压××路DN200中压煤气管线造成脆弱性断裂,泄露燃气经地下土壤层窜入临街商铺后,遇火源引发爆炸。事故性质认定为:系燃气意外泄漏伤害事故。以上是安监部门以及政府部门对事故原因和性质的结论。

但是,我方认为,事故责任与民事责任是既有联系又存在区别的两种不同责任状态,不能以事故责任认定我方承担全部民事责任。首先,作出主体不同。依据《中华人民共和国安全生产法》第9条和第73条的规定,安全生产监督管理部门对重大事故具有调查和处理的法定职责;而民事侵权责任的判断主体依据《中华人民共和国民事诉讼法》的规定,审判权由人民法院独立行使。其次,责任性质不同。依据《安全生产法》第73条的规定,事故报告认定的结果应当为行政责任,而依据《侵权责任法》第6条和第15条的规定,民事责任是与过错相联系的,承担形式多种多样。第三,法律依据不同。事故责任的依据是《安全生产法》及相关行政法律法规,而民事责任的依据是《侵权责任法》、《民法通则》、《最高人民法院关于审理人身损害赔偿案件若干问题的解释》等民事法规。

在本案中,我方认为:不可抗力导致损害结果的发生。《调查报告》

中明确，我方的巡视行为、管道与住户的距离均符合相关法规规定，所用的灰口铸铁管是符合上世纪八十九十年代施工标准和技术工艺的，是当时普遍采用的技术装备。发生断裂的原因是由于受天气变化影响，地下冻土层发生位移所致。依据《合同法》的相关规定，不可抗力是不能预见、不能克服以及不能避免的法律事实。地质变化应当属于不可抗力。依据《产品质量法》第41条的规定，产品投入流通时，缺陷尚不存在的，以及投入流通时的科学技术水平尚不足以发现缺陷的情形，产品生产者不承担责任。灰口铸铁管属于煤气中压管网八九十年代先进技术设备，随着技术的发展和工艺的改进，球墨铸铁管、PE塑料管相继投入使用。因此，灰口铸铁管属于历史阶段的产物，不能就此认为我方存在民事责任。

二、关于×××××房地产公司的过错问题。

依据原《城市规划法》第32条和现行有效的《城乡规划法》第四十条规定，在城市、镇规划区内进行建筑物、构筑物、道路、管线和其他工程建设的，建设单位或者个人应当向城市、县人民政府城乡规划主管部门或者省、自治区、直辖市人民政府确定的镇人民政府申请办理建设工程规划许可证。对方在举证期限内并未提供合法建造的规划许可手续，在《调查报告》中第四条对诉争房屋属于违章建筑一节也作出了认定。依据《最高人民法院关于审理城镇房屋租赁合同纠纷案件具体应用法律若干问题的解释》第3条的规定，出租人就未取得建设工程规划许可证或者未按照建设工程规划许可证的规定建设的房屋，与承租人订立的租赁合同无效。因此，不仅对方的《房屋租赁合同》无效，而且对方主张的全部诉请缺乏合法性应当不予认定。另则，由于诉争房屋不具备合法建造的手续，因此其竣工验收、消防验收等手续均无法办理，势必对其安全性造成影响，因此，×××××房地产公司对事故损害的发生存在重大过错。依据《侵权责任法》第七十二条规定，占有或者使用易燃、易爆、剧毒、放射性等高度危险物造成他人损害的，占有人或者使用人应当承担侵权责任，但能够证明损害是因受害人故意或者不可抗力造成的，不承担责任。被侵权人对损害的发生有重大过失的，可以减轻占有人或者使用人的责任×××房地产公司应当自行承担损失。

三、关于×××××房地产公司的实际损失问题。

依据《侵权责任法》第十九条的规定，侵害他人财产的，财产损失按照损失发生时的市场价格或者其他方式计算。一般理解，损失应当为受害人实际发生的损失。本案中，根据有关证据我方认为：原告×××××房地产公司的损失没有事实根据，其诉讼请求应当予以驳回。

第一，2007年1月6日×××××房地产公司与××第×××中学签订《房屋租赁合同》，其中约定，租赁期限为五年，从2006年12月26日至2011年12月26日。租金每年13万元(从第二年起)。房屋转租需经过×××××中学的书面授权。而非对方主张的十年。

第二，按照《侵权责任法》第3条的规定，被侵权人有权请求侵权人承担侵权责任。本案中，如果诉请包含返还业主的租金损失的话，应当提供其与小业主的租赁合同，费用返还财务凭证以及与×××××中学关于准许转租的书面文件并且追加合同约定的小业主为第三人进行诉讼。但是，从事故发生后的调查阶段至本案诉讼阶段，×××××房地产公司除租赁合同外始终未提供上述证据，而且依据租赁合同的约定，原告没有义务返还小业主的租金，故该损失缺乏事实根据和法律依据，即使原告已经返还小业主部分租金，应当认为这属于原告的自愿行为或者因诉争房屋未取得合法批建导致返还的行为，而与本案无关，不应当被法院支持。

第三,赔偿范围应当局限于实际损失而非可期待利益。按照《侵权责任法》第 19 条规定,侵害他人财产的,财产损失按照损失发生时的市场价格或者其他方式计算。本案中,××××××房地产公司所主张的未来的损失未实际发生, 充其量属于合同可期待利益。既然××××××房地产公司选择按照侵权法主张权利,其就不能同时依据合同法主张损失。其第二项诉讼请求,五年的租金损失缺乏事实和法律依据。

最后,关于受害的小业主,考虑到个人在本次事故中并无过错以及其实际发生的损失金额和承受能力,经××市××区政府协调,我方已经最终确认了赔偿金额并履行了赔偿义务, 但这并不能认为我方对××××××房地产公司当然的存在赔偿责任,请求法院根据事实和证据,结合法律的规定,公正的处理本案。

以上意见不知是否妥当,请法院采纳。

××××××市××××××律师事务所

××××××律师

2012 年 5 月 29 日

四、反诉状

反诉的概念:反诉是指在诉讼进行过程中,本诉的被告以原告为被告,向受理本诉的人民法院提出与本诉具有牵连关系的,目的在于抵销或者吞并本诉原告诉讼请求的独立的反请求。

反诉的特征：

首先，反诉对象具有特定性。反诉只能由本诉被告针对本诉原告而向法院提起，针对其他任何人，包括对与本案的牵连的人均不能提起反诉。反诉实际上是变更本诉当事人的相互地位，变原告为被告，变被告为原告，当事人各自具有原、被告的双重身份。

其次，反诉请求具有独立性。反诉虽然在形式上是以本诉的存在为前提，没有本诉就谈不上反诉，但反诉与本诉一样，具备诉的要素，有独立的诉讼请求，不因本诉的撤回而终结。从本质的说，反诉之所以为"反"，是两诉提起的时间上继起性的逻辑结果。反诉的独立性表现在三个方面：第一，被告向原告提出反诉应按起诉程序和方式向法院提出。第二，反诉具有独立的诉的要素，即有当事人、诉讼标的和诉讼理由。第三，反诉一经成立，不因本诉的撤回而终结，也不因原告放弃诉讼请求而失效。总之，反诉与本诉一样，都有自己的独立请求，一诉的诉讼关系因判决、调解、撤诉等归于消灭时，并不必然引起他一诉的诉讼关系的消灭。

再次，反诉目的具有对抗性。即被告提起反诉的主要目的在于动摇、抵销、吞并本诉原告所主张的民事权益，或者使本诉原告的诉讼请求部分或全部地失去作用，甚至迫使原告向被告履行一定义务。最高人民法院《关于适用〈中华人民共和国合同法〉若干问题的解释（一）》第18条第1款规定："在代位诉讼中，次债务人对债务人的抗辩可以向债权人主张。"依据《中华人民共和国合同法》，在代位诉讼过程中，作为次债务人的被告，在诉讼中处于被告地位，从反诉具有对抗性的角度来理解，对原告完全可以提起反诉。因为债务人对于次债务人的权利，无论是自己行使还是由债权人代位行使，对次债务人的法律地位及其利益均无影响。同时还因为,凡是次债务人可以对抗债务人的一切抗辩,如诉讼时效届满的抗辩、抵销的抗辩、同时履行的抗辩等,都可以对抗债权人。但是这种抗辩权一般以代位权行使之前所产生的为限。

最后,反诉具有牵连性。关于反诉牵连性的问题,是反诉制度中比较混乱的问题,各国规定不一,但大致有两种不同的主张,一是明确规定对反诉的限制性条款;二是对反诉不作任何限制性的规定。我国法律对此就没有规定,任由理论界和实务界解释,审判实践中也极不统一。这一分歧主要集中在反诉与本诉,是否必须存在一定的牵连关系上,即反诉与本诉的诉讼标的是否有牵连。有的认为,本诉与反诉必须与同一的法律关系有联系。有的认为,只须事实上有牵连,而不问在法律上是否有牵连。普遍的观点是:"一般应基于同一事实和法律关系。"

对反诉的处理:一审程序,合并审理;二审程序:先进行调解,调解不成的,告知当事人另行起诉。

民事反诉状格式

反诉人(本诉被告人):×××(写明姓名、性别、年龄、民族、籍贯、职业或者工作单位和职务、住址)

被反诉人(本诉原告):×××(写明姓名、性别、年龄、民族、籍贯、职业)

反诉请求:(写明请求的具体内容)

事实和理由:(写明具体的时间、地点、经过、见证人等)证据和证据来源(如有证人,应当写明证人姓名和住址)

此致

×××人民法院

附：本反诉书副本×份

具状人：×××（签字或者盖章）

×年×月×日

民事反诉状范文

反诉人（本诉被告）：××市××××净水器厂

地址：××市××街××××号

法定代表人：王××

委托代理人：张××

被反诉人（本诉原告）：××市××××××经销处

地址：××市××路××××号

法定代表人：杜××

反诉请求：

1.判令被反诉人赔偿损失53万元（暂计至起诉之日，后续损失将按实际追加请求）；

2.反诉诉讼费用由被告承担。

事实和理由：

反诉人向被反诉人出售净水器产品，被反诉人陆续收货付款。后因被反诉人无力付款，将未用完的产品退回反诉人，并承诺尽快付清欠付货款。此后，被反诉人于2008年×月×日付款10万元，于2009年×月×日付款10万元。在反诉人等待被反诉人进一步付款之际，被反诉人恶意提起诉讼，并申请法院查封反诉人的银行存款20万元。

反诉人的这笔存款，是用来购进原材料的，但因被反诉人的错误查封，致使反诉人无法支付材料款，并因材料不能及时到位，造成直接经济损失30万元。此后，反诉人为了保证公司运营，从民间高利借款20

万元,每月利息损失 2 万元。为应诉,反诉人损失律师费 1 万元。截止反诉之日,因被反诉人错误申请财产保全,反诉人共遭受损失 53 万元,且损失仍在扩大。

被反诉人没有任何证据证明反诉人应当承担产品责任,并且被诉人因无力付款而退回的货物,当即被另一客户使用,不存在任何产品质量问题。因此,被反诉人的诉讼请求应予驳回,被反诉人的财产保全申请错误,且已给反诉人造成了实际经济损失。反诉人请求贵院在查明本诉事实、判决驳回原告起诉的同时,判决支持反诉人的请求。

此致

××××× 人民法院

具状人:××市××××净水器厂

2010 年 8 月 28 日

五、民事上诉状

民事上诉状是指诉讼当事人,有独立请求权的第三人和被人民法院判决承担法律责任的无独立请求权的第三人在上诉期限内不服第一审判决裁定,请求上一级人民法院撤销、变更原审判决或裁定而写的司法文书。

简单地讲所谓民事上诉状,是指当事人或其法定代理人,不服地方各级人民法院的第一审民事判决或裁定,依法向上一级人民法院上诉,请求重新审理案件而提出的一种诉讼文书。

民事上诉状的特征：

第一，民事上诉状必须是民事诉讼当事人及其法定代理人提起的，别人无权提起；

第二，民事上诉状必须是对地方各级人民法院的第一审裁判不服所提起的；

第三，民事上诉状必须依照法定程序和期限，向制作第一审裁判的上一级人民法院提起上诉。

民事上诉状的作用。我国民事审判采用两审终审制，民事诉讼当事人不服一审判决可以提出上诉，上诉须提交上诉状。显然，提起二审程序是上诉状一项重要作用。然而，法院对二审上诉状的审查较一审起诉状要宽松得多。在一审立案阶段，法院立案部门对不合范式、资料不全的起诉状会作退回处理，而二审上诉状只要在上诉期限内提交并按要求交纳了上诉费用，总会被接受。如果只是为了提起二审，当事人无须烦劳律师，自己写上两笔，一样能达到目的。上诉状是当事人就案件的法律主张向二审法院做出的首次申明，应力争先声夺人，以期对案件的审理发挥导向性作用。

律师代理上诉，不是为启动二审程序而是要争取本方的主张得到二审法院的支持，如果代理律师只把上诉状看作启动二审程序的敲门砖，而不注意内容的表达，实际是将当事人一次陈述机会放弃了。上诉状是启动二审程序的请求，更是当事人法律主张的陈述，而且是二审阶段一次重要的陈述。实践中，上诉状的后一作用有时被人忽视了。

上诉状的任务。如果说一审起诉状是要构建一个期待法院予以支持的三段论的法律逻辑结构；上诉状的首要任务则正好相反，其要颠覆一个业已由三段论法律逻辑推导出的法律结论，这个结论是一审法院以判决的形式做出的。二审诉讼是一审的延续，在二审中当事人之间的抗辩关系并没有改变,但二审不是一审的简单重复,二审与一审最大的区别在于诉讼当事人之间出现了一份有待生效的法律判决。对于上诉人而言,所以上诉,正是由于这一法律文书的结论不能为自己所接受。因此,上诉状所要批驳的对象不是对方当事人的权利主张,而是一审法院判决所得出的法律结论。即使该判决全面支持了对方当事人的主张,上诉状的争辩亦应针对一审的判决而不是对方当事人的主张。上诉状的任务不仅是批判,它要在指出一审判决错误的基础上,重新建立三段论法律结构,并从中推导出维护上诉人权利的法律结果。

上诉状的内容和写法:《民事诉讼法》规定,上诉状要写明当事人的基本情况及原审法院名称、案号、案由,并写明上诉的请求和理由。除了上述,再续上致二审法院,以及上诉人落款,一份上诉状的形式就完整了。在实践中,上诉状通常有上诉请求与理由分列和混写两种形式。分列,是指上诉请求与上诉理由作为两部分内容前后排列;混写则以上诉理由与请求为标题作为一个整体表述,行文时一般先陈述上诉理由后以上诉请求结束。对此,法律上没有强行的程式规定,可以依据个人的书写习惯及具体案件的要求而选用。将上诉请求单列放在前面,有点题的作用,利于二审法院了解上诉人的主张。民事上诉状应主要采用反驳法进行写作。反驳应讲究针对性,说明性和逻辑性。要针对上诉人对原裁判的不服之处,有的放矢;要针对反驳的论点,摆出客观事实和证据,摆出正确引用的法律条款,据理论证,分清是非;要根据论证所得出的结论,明确提出对原裁判的主张。

上诉请求与上诉理由的关系:上诉理由的内容决定上诉请求,上诉理由的批判性内容表现为上诉请求的程序性处理要求。我国《民事诉讼法》规定对十一审错误的不同情形采用不同程序的处理方式:适用法律错误的依法改判;认定事实错误,或者原判决认定事实不清,证据不足,裁定撤销原判,或发回重审或查清事实改判;因程序违法可能影响公平审理的发回重审。上诉理由认为一审错误属于其中哪种法定情形,上诉请求即应要求二审法院按相应的处理方式予以纠正。如,上诉理由主张一审适用法律错误,上诉请求自然是依法改判;上诉理由认为一审程序违法有碍公平审理,上诉请求则应当是发回重审。

上诉理由的建设性主张则转化为上诉请求的实体性权利主张。上诉理由在指出一审判决错误的同时,提出了改正错误的事实与法律依据,据此一审判决具体应做出什么样的变更或改正,就是上诉请求的实体性权利主张。上诉理由的基本内容是为了纠正一审的错误而设置的,我国民事诉讼法对于一审判决错误的三种情形做出了规定,即事实认定错误、法律适用错误和程序违法可能影响公平审理。如果一审判决不存在法定的错误情形,只是其判处结果导致上诉人的利益损失,上诉不会得到二审法院的支持。从这个意义上说,一审判决的错误就是上诉状的上诉理由。上诉理由是上诉状最主要的内容,上诉理由应当紧扣一审判决的错误,并对其做出属于哪类法定错误情形的界定和论证。但是,上诉理由不能仅满足于批判,在指出错误的同时还应论述何为正确,上诉理由的建设性就在于,其提出了重构处理本案法律逻辑判断的主张。上诉理由的文字要力争简练,但不能对一审判决错误不加剖析,用"与事实不符"、"有失偏颇"之类的泛泛语言一带而过,这样的表述只说明上诉人不同意一审判决,既没有批判性也没有建设性。

民事上诉状的基本格式

民事上诉状

上诉人(原审×告):姓名,性别,出生年月日,民族,籍贯,职业或工作单位,住址。

委托代理人:姓名,××律师事务所律师。

被上诉人(原审×告):姓名,性别,出生年月日,民族,籍贯,职业或工作单位,住址。

上诉人因××一案,不服××人民法院于××年×月×日(××××)××字第××号民事判决,现提出上诉。

上诉请求:

×××××××

事实与理由:

×××××××

此致

××××人民法院

附:本上诉状副本××份。

上诉人(姓名)

年　月　日

民事上诉状范文

民事上诉状

上诉人:×××××股份有限公司,

住所地:××市××区××大街××号。

法定代表人:张××,董事长。

被上诉人:王××,男,汉族,1980年6月14日生,现住××市××区××大街。

原审被告：××市××××劳务有限公司，住所地××市人民大街××号。

法定代表人：张××，经理。

上诉人因与被上诉人之间的人身损害赔偿纠纷一案，不服×××××开发区人民法院（2012）长××民初字第732号民事判决书（下称原审判决），特提出上诉。

上诉请求：

1.撤销×××××开发区人民法院（2012）长经民初字第732号民事判决书，依法改判或发回重审；

2.被上诉人承担诉讼费用。

上诉理由：

×××××开发区法院对该案件没有管辖权，上诉人的公司住所地是××市××区，发生被上诉人受伤的制气厂位于××市××区，无论按照被告住所地还是侵权行为地来确定管辖，该法院对此案都不享有管辖权，所以上诉人有理由相信该案件不能得到公正审理。

一、原审判决认定事实错误。

1.原审法院依据"工作总结"认定上诉人的取暖炉设计和制作上存在瑕疵，对被上诉人承担赔偿责任错误。取暖用温水炉是北方居民特别是居住在平房居民家中必不可少的设施，是为了冬季进行取暖之用，市场上进行销售的产品均为小作坊制作，国家对此也没有相关的技术标准，上诉人的制气厂制作的取暖炉在制作材料和工艺上要好于市场上的一般产品。另外该温水炉不存在高压运行，正常操作不可能产生高压蒸汽，即使温水炉缺水甚至无水的状态下运行，哪怕是将炉体烧化了，也不可能产生蒸汽发生开裂的现象。事故责任分析报告对此问题已经有详细的分析，完全是由于被上诉人王××违反操作规程导致。关于"工作总结"是发生了人员受伤事件后，企业对该设施提出进行技术改进的意见,不能由此推断该设施存在安全隐患。

2. 被上诉人王××自行委托的司法鉴定结论存在常识性的错误,不应当作为有效证据使用。被上诉人自行委托所作的司法鉴定,鉴定意见为:"被鉴定人王××因锅炉爆炸后伤至右臂丛神经损伤,右手部分肌瘫肌力 3 级符合伤残七级;被鉴定人后续治疗费约 8 万元人民币"。这个鉴定结论与其先前所作的工伤残疾等级鉴定存在矛盾。众所周知,对一个人的伤残程度,工伤的伤残等级鉴定要高于一般人身损害的伤残等级,但原审中被上诉人提交的鉴定结论明显与常识不符,这样的证据被法院采信明显错误。

二、原审判决适用法律错误。

原审判决引用民法通则第 106 条 2 款、第 123 条规定存在明显错误,"第 123 条从事高空、高压、易燃、易爆、剧毒、放射性、高速运输工具等对周围环境有高度危险的作业造成他人损害的,应当承担民事责任;如果能够证明损害是由受害人故意造成的,不承担民事责任"。被上诉人受伤是由于其对取暖用温水炉违反操作规程导致,该温水炉并非特种设备,不具有高压、易燃、易爆的属性。对方也未能提供证据证明,本案按照特殊侵权判决上诉人承担赔偿责任明显错误。

综上所述,上诉人在被上诉人受伤的过程中不存在过错行为,不应当承担赔偿责任,被上诉人也没有提供合法有效的证据证明自己的主张,应当承担举证不能的不利后果,上诉人请求人民法院依法改判或发回重审,维护上诉人的合法权利。

此致

××市中级人民法院

上诉人:××××××股份有限公司

二〇一一年十一月二十八日

六、强制执行申请书

　　强制执行申请书是指公民、法人或其他组织在对方拒不履行裁判确定的义务的情况下,根据已经发生效力的法律文书,向有管辖权的人民法院提出申请,责令对方履行义务时使用的文书。

　　强制执行申请的期限。民事诉讼法规定:执行期限为 6 个月,从执行案件立案之日起计算。人民法院一般会根据执行情况来对案件作处理,执行完毕的,会结案;如果没有发现被执行人可供执行的财产,可能会终结执行,待发现其财产后再恢复执行。当然民事诉讼法还规定了中止执行、委托执行等诸多制度和措施,比较完善。如果执行 6 个月期满仍无任何效果,你可以向其上级人民法院申请提级执行。

　　申请人向人民法院申请强制执行,必须遵守法定的期限,方为有效,如果超过期限,就丧失了申请执行的权利。申请强制执行的期限,根据《民事诉讼法(试行)》的规定,双方或者一方当事人是个人的为 1 年;双方是企业事业单位、机关、团体的为 6 个月。从法律文书规定履行期限的最后 1 日起计算,法律文书规定分期履行的,从规定每次履行期限的最后 1 日起计算(第 169 条)。《中华人民共和国民事诉讼法》第 203 条人民法院自收到申请执行书之日起超过 6 个月未执行的,申请执行人可以向上一级人民法院申请执行。上一级人民法院经审查,可以责令原人民法院在一定期限内执行, 也可以决定由本院执行或者指令其他人民法院执行。

　　强制执行申请管辖。中华人民共和国关于强制执行的规定,根据中国《民事诉讼法》和有关法律的规定,地方各级人民法院设执行组织,在院长领导下,负责执行本法院对第一审民事案件所作的判决和裁定。第二审案件的判决和裁定,原则上也由原第一审人民法院执行。法律规定由人民法院负责执行的其他法律文书,由有管辖权的人民法院执行。如果被申请执行的财产或者被申请人在外地,而有管辖权的人民法院执行员又不便前往执行的,可以委托当地人民法院代为执行。受托人民法院应当在收函后 15 日内开始执行,不得拒绝。执行完毕后,应当将执行结果及时函复委托人民法院。在 30 日内还未执行完毕,也应当将执行情况函告委托人民法院。受托人民法院自收到委托函件之次日起 15 日内不执行的,委托人民法院可以请求受托人民法院的上级人民法院指令受托人民法院执行。

强制执行方法。根据《民事诉讼法》第 22 章的规定,我国人民法院强制执行的通常方法和手段共有以下 9 种。查询、冻结、划拨被申请执行人的存款;扣留、提取被申请执行人的收入;查封、扣押、拍卖、变卖被申请执行人的财产;搜查被申请执行人隐匿的财产;强制被申请执行人交付法律文书指定交付财物;强制被申请执行人迁出房屋或者退出土地;强制执行法律文书指定的行为;强制加倍支付迟延履行期间支付迟延履行金;强制办理有关财产权证照转移手续。

第一,查询、冻结、扣划。查询是指人民法院向银行、信用合作社等单位调查询问或审查追问有关被申请人存款情况的活动。冻结是指人民法院在进行诉讼保全或强制执行时,对被申请执行人在银行、信用合作社等金融单位的存款所采取的不准其提取或转移的一种强制措施。人民法院采取冻结措施时,不得冻结被申请执行人银行账户内国家指明用途的专项资金。但被申请执行人用这些名义隐蔽资金逃避履行义务的,人民法院可以冻结。冻结被申请执行人的存款的最长期限为 6 个月,需要继续冻结的,应在冻结到期前向银行、信用合作社等办理冻结手续,否则,逾期不办理,视为自动解除冻结。划拨是指人民法院通过银行或者信用合作社等单位,将作为被申请执行人的法人或其他组织的存款,按人民法院协助执行通知书规定的数额划入申请执行人的账户内的执行措施。划拨存款可以在冻结的基础上进行,也可以不经冻结而直接划拨。人民法院采取查询、冻结、划拨措施时,可直接向银行营业所、储蓄所及信用合作社提出,无需经其上级主管单位同意。外地人民法院可以直接到被申请执行人住所地、被执行财产所在地的银行、信用合作社查询、冻结和划拨存款,不需经当地人民法院同意或者转办手续。当地银行、信用合作社必须协助办理,不得以扣收到期贷款或贷款利息等任何理由拒绝和搪塞。拒绝协助的,人民法院可以依照《民事诉讼法》的规定予以罚款,建议监察机关或者有关机关给予纪律处分。

第二,执行收入。《民事诉讼法》第243条规定:"被执行人未按执行通知履行法律文书确定的义务,人民法院有权扣留、提取被执行人应当履行义务部分的收入。但应当保留执行人及其所扶养家属的生活必需费用。人民法院扣留、提取收入时,应当作出裁定,并发出协助执行通知书,被执行人所在单位、银行、信用合作社和其他有储蓄业务的单位必须办理。"扣留和提取是紧密相联的两个执行措施,扣留是临时性措施,是将被申请执行人的收入暂扣下,仍留在原来的单位,不准其动用和转移,促使其在限定的期限内履行义务。如超过期限仍不履行的,即可提取该项收入交付申请执行人。

第三,执行财产。被申请执行人未按执行通知履行义务,人民法院有权查封、扣押、拍卖、变卖被申请执行人应当履行义务部分的财产。查封是一种临时性措施,是指人民法院对被申请执行人的有关财产贴上封条,就地封存,不准任何人转移和处理的执行措施。拍卖是人民法院以公开的形式、竞争的方式,按最高的价格当场成交,出售被申请执行人的财产。变卖是指强制出卖被申请执行人的财产,以所得价款清偿债务的措施。人民法院在执行中需要变卖被申请执行人财产的,可以交由有关单位变卖,也可以由人民法院直接变卖。由人民法院直接变卖的,变卖前,应就价格问题征求物价等有关部门的意见,变卖的价格应当合理。人民法院扣留、提取的存款和收入,拍卖、变卖被申请执行人财产所得的金钱,应及时交付申请执行人,并结束执行程序。

第四,搜查财产。在执行过程中,还会出现被申请执行人不仅逾期不履行法律文书确定的义务,而且还将财产转移起来,拒不向人民法院交代自己真实的财产状况。针对这些情况,《民事诉讼法》第248条第1款规定:"被执行人不履行法律文书确定的义务,并隐匿财产的,人民法院有权发出搜查令,对被执行人及其住所或者财产隐匿地进行搜查。"在搜查中,如发现有应依法查封或者扣押的财产时,执行人员应当依照《民事诉讼法》的规定查封、扣押。如果来不及制作查封、扣押裁定的,可先行查封、扣押,然后在48小时内补办。

第五,强制交付。人民法院的判决书、裁定书、调解书以及应由法院执行的其他法律文书指定一方当事人交付财物或者票证的,执行人员应在做好被申请执行人思想工作的基础上,传唤双方当事人到庭或到指定场所,由被申请执行人将法律文书交付的财物或票证应当直接交付申请执行人签收。被申请执行人不愿当面交付的,也可以将应付的财物或票证先交给执行人员,由执行人员转交。对当事人以外的公民个人持有该项财物或票证的,人民法院应通知其交出。经教育仍不交出的,人民法院就依法强制执行并可按照《民事诉讼法》第114条的规定予以罚款,还可以向监察机关或者有关单位建议,给予其纪律处分。有关单位持有该项财物或票证的,人民法院应向其发出协助执行通知书,由有关单位转交。有关单位和个人持有法律文书指定交付的财物或者票证，因其过失被毁损或灭失的，人民法院可责令持有人赔偿。拒不赔偿的，人民法院可按被申请执行财物的实际价值或者票据的实有价值裁定强制执行。

第六，迁出房屋。强制迁出房屋或退出土地，是指人民法院执行机构强制搬迁被申请执行人在房屋内或特定土地上的财物，腾出房屋或土地，交给申请执行人的一种执行措施。

第七，执行行为。这是一种特殊的强制措施，由人民法院执行人员按照法律文书的规定，强制被申请执行人完成指定的行为。

第八、迟延履行。加倍支付迟延履行期间的债务利息是指被申请执行人的义务是交付金钱，在依法强制其履行义务交付金钱的同时，对他拖延履行义务期间的债务利息，要在原有债务利息上增加一倍，按银行同期贷款最高利率计付，从判决、裁定和其他法律文书指定交付日届满的次日起计算，直至其履行义务之日止。另一种情况是指被申请执行人未按判决、裁定和其他法律文书指定的期间履行非金钱给付义务的，因为拖延履行已给申请执行人造成损失，故应当支付迟延履行金。迟延履行金的数额可以由人民法院根据案件的具体情况另行决定。

第九，证照手续。《民事诉讼法》第 251 条规定："在执行中，需要办理有关财产权证照转移手续的，人民法院可以向有关单位发出协助执行通知书，有关单位必须办理。"有关财产权证照：是指房产证、土地证、山林所有权证、专利和商标证书、车辆执照等不动产或特定动产的财产权凭证。

强制执行申请书的内容：第一是事实与理由部分。简要地叙述原案情和处理结果，并说明现在的执行状况；同时要阐明强制执行的必要性。第二是请求目的。在叙述事实,论证理由的基础上,提出具体、明确的请求目的。最好按照法律规定的几种执行措施,提出具体请求,以供人民法院考虑。第三是当事人栏,注明自然情况。自然人要列出姓名、年龄、民族、工作单位、住址。法人或其他组织要列出名称、住所地,法定代表人或负责人姓名、职务。填写要准确,特别是姓名(名称)栏不能有任何错字。地址要尽量详细,具体到门号。最好注明邮编及通讯方式。第四是申请书尾部,当事人是自然人的,要由本人签字,是法人或其他组织的,由法定代表人或负责人签字并加盖单位公章。日期填写要准确。

强制执行申请书格式

申请人:

被申请人:

上列当事人,因××一案,业经××人民法院××年×月×日作出(××)字第××号一审(或终审)民事判决(或仲裁委员会于×××年×月×日作出(××)字第××号裁决),被申请人拒不遵照判决(或裁决)履行。为此,特申请你院给予强制执行,现将事实、理由和具体请求目的分述如下:

事实和理由:

请求目的:

此致

××人民法院

申请人(姓名)

年　月　日

附:生效的法律文书

强制执行申请书样本

强制执行申请书

申请人：××××股份有限公司

地址：××市××××大路××号

法定代表人：张××　　职务：董事长

被申请人：××市××区××××总公司

地址：××市××区××街××号

法定代表人：李××　职务：总经理

请求事项：

一、依法采取强制执行措施，责令被申请人履行××民督字(2011)第1号支付令，即被申请人给付申请人欠款人民币20,653,597.31元。

二、本案执行费用由被申请人承担。

事实和理由：

××××××股份有限公司与××市××区××××总公司自2000年7月至2010年9月30日的经营往来过程中，××市××区××××总公司累计拖欠××××××股份有限公司经营借款人民币20,653,597.31元。

基于以上事实，××市××区人民法院已于2010年11月16日向被申请人发出长双民督字(2011)第1号支付令，被申请人未能在法定期间内向申请人履行支付义务，使申请人的合法权益至今不能得到维护，故申请人特依法提出上述强制执行请求，望贵院能够及时采取法定的强制执行措施，以维护企业的合法权益。

此致

××市××区人民法院

申请人：××××××股份有限公司

2012 年 12 月 1 日

七、财产保全申请书

　　财产保全,也叫诉讼保全。它是指法院审理案件时,在作出判决前为防止当事人(被告)转移、隐匿、变卖财产,依职权对财产作出的保护措施,以保证将来判决生效后能得到顺利执行。具体措施一般有查封、扣押、冻结。财产保全一般由当事人申请,由人民法院审查决定是否采取财产保全措施。对当事人没有提出申请的,但争议的财产可能有毁损、灭失或其他危险的,法院可依职权采取保全措施。

　　财产保全基本知识:财产保全,分为诉前保全和诉讼保全,法院不能主动进行诉前保全,诉前保全是当事人因情况紧急,在起诉前财产向法院申请的财产保全。当事人申请诉前财产保全后,必须在 30 天内提起诉讼或申请仲裁,否则,法院将解除财产保全。诉讼保全则是法院立案后采取的财产保全。

　　第 100 条　人民法院对于可能因当事人一方的行为或者其他原因,使判决难以执行或者造成当事人其他损害的案件,根据对方当事人的申请,可以裁定对其财产进行保全、责令其作出一定行为或者禁止其作出一定行为;当事人没有提出申请的,人民法院在必要时也可以裁定采取保全措施。

人民法院采取保全措施,可以责令申请人提供担保,申请人不提供担保的,裁定驳回申请。

人民法院接受申请后,对情况紧急的,必须在 48 小时内作出裁定;裁定采取保全措施的,应当立即开始执行。

第 101 条 利害关系人因情况紧急,不立即申请保全将会使其合法权益受到难以弥补的损害的,可以在提起诉讼或者申请仲裁前向被保全财产所在地、被申请人住所地或者对案件有管辖权的人民法院申请采取保全措施。申请人应当提供担保,不提供担保的,裁定驳回申请。

人民法院接受申请后,必须在 48 小时内作出裁定;裁定采取保全措施的,应当立即开始执行。

申请人在人民法院采取保全措施后 30 日内不依法提起诉讼或者申请仲裁的,人民法院应当解除保全。

第 102 条 保全限于请求的范围,或者与本案有关的财物。

第 103 条 财产保全采取查封、扣押、冻结或者法律规定的其他方法。人民法院保全财产后,应当立即通知被保全财产的人。财产已被查封、冻结的,不得重复查封、冻结。

第 104 条 财产纠纷案件,被申请人提供担保的,人民法院应当裁定解除保全。

第 105 条 申请有错误的,申请人应当赔偿被申请人因保全所遭受的损失。

申请财产保全的条件:《民事诉讼法》规定因当事人一方的行为或者其他原因,可能使判决不能执行或难以执行时,为了保证将来作出的判决得以执行,或为了避免财产遭受损失,对方当事人可以申请诉讼保全。但是必须下列条件:第一,必须具有给付内容;第二,必须是由于义务人有恶意行为或者其他原因,有可能使将来的裁判不能执行或者难以执行;第三,情况紧急;第四,必须由当事人提出申请;第五,申请人必须提供相应担保。

申请财产保全的范围。诉讼保全的范围应当限于当事人争议的财产,或者被申请人的财产。对被申请人财产的保全,应当要求申请人提供有关的财产所有权凭证,如汽车要提供车户证明,房屋要提供房屋产权证明书等,以防错将他人的财产查封、扣押。对案外的财产不得采取保全措施,对案外人善意取得的与本案有关的财产一般也不能采取保全措施。诉讼保全的对象界定应以法人、公民合法所有,且能够自由处分为原则。不是合法所有,如土地、淫秽物品,或非自己所有,如保管、租借他人之物,或自己所有,但受管制的物品,均不能进行财产保全。有两种情况例外,一是自己所有,但是法律禁止予以财产保全的,例如民事诉讼法第94条第四款规定"财产已被查封、冻结的,不得重复查封、冻结。"军队的战备、军需物质、款项,以及公益事业和慈善机构办公产所、救灾扶贫专户也禁止进行财产保全。二是非自己所有,但法律允许予以财产保全,则必须严格依法律的规定范围,例如国有企业经营管理权下可以处分的财物应严格进行财产保全,法律规定被申请人的到期应得收益或债权,必须在有充分的证据和第三人就自己与被申请人享有的债权没有争议的前提下适用。

申请诉讼保全方式:申请诉讼保全的当事人一般采用书面方式提交申请书。但特殊情况如书写确有困难的当事人可以口头方式提出,由人民法院记录附卷,并由申请人签名、盖章。诉前保全的申请时间是在起诉以前,诉讼程序尚未开始;诉讼保全的申请时间是在诉讼程序开始后人民法院作出判决执行前,执行开始后不能申请诉讼保全。提出证据保全提出的主体。通常情况下,是由当事人申请,有些情况下也可以由人民法院依职权决定,主动采取保全措施。当事人向人民法院提出财产保全的申请,这是他的权利;在他申请诉讼保全的同时,必须向人民法院提供担保,这是他的义务。只要当事人的申请符合诉讼保全的条件,并且提供担保的,人民法院都应当作出财产的裁定。人民法院在作出裁定时,没有必要做调查,但必须对当事人的申请认真进行审查。

财产保全的措施。有查封、扣押、冻结、提取、扣留等,当事人要求法院采取哪一种措施必须在申请书中说明,须肯定、具体,不能含糊其辞。否则法院可以不予受理。诉讼保全一般是由当事人在起诉以后判决执行以前或者在起诉的同时,向人民法院采用书面方式提交书面申请。以口头方式提出的,人民法院应当记录附卷,并由申请人签字、盖章。申请书和笔录应当载明请求诉讼保全的原因,保全的标的物或者有关财产的种类,数量、价额及所在地。当事人不服一审判决提出上诉的案件,在第二审人民法院接到报送的案件之前,当事人有转移、隐匿、出卖或者毁损财产等行为,必须采取诉讼措施的,由第一审人民法院制作财产保全的裁定,应及时报送第二审人民法院。此外,在判决生效后至该判决执行前,当事人有转移、隐匿、出卖或损毁财产的行为,必须采取保全措施的,人民法院也可以依职权作出财产保全的裁定。

财产保全的担保。申请人必须提供担保,申请人不提供担保的,驳回申请。担保主要采用财物担保的形式,提供担保的财物数额应相当于请求保全的金额,担保能在审理过程中双方的权利都能得到平衡。

担保人提交人民法院的保证方式主要为保证金、土地或房产等不动产以及银行保函、信用担保。现金认可度很高,所有法院均认可。但是现金诉讼保全担保的成本最大。因为按民事诉讼法规定,诉讼保全申请人需要申请保全被申请人价值多大的财产,那么自己也要提供多大价值的现金。不动产认可度也很高。但大部分法院只认可无抵押的房产或土地。这无形中增加了申请人提供此类担保的难度。银行保函,尤其是国有大型银行保函认可度很高。由于银行诉讼保全担保函是以银行的信誉作为担保,因此,几乎不存在银行无法兑现保证责任的可能性。

　　财产保全裁定执行。保全执行是指在取得终局的、确定的法律文书以前,为防止由于一方当事人的行为或者其他原因致使判决、裁定不能执行或者难以执行,证据可能灭失或以后难以取得,而采取的旨在维持标的物现状,确定和保护证据的强制措施;保全执行包括财产保全、证据保全两方面内容,以财产保全为主;保全执行应坚持强制措施与法制教育相结合的原则,主动争取案件当事人或者有关部门的配合、支持,注重社会效果,维护社会稳定。对涉及大中直企业和有偿还能力的公用事业(学校、教育、医疗卫生)等企事业单位,必须慎用保全措施,保全执行情况应当及时向主管院长汇报;保全执行工作由立案庭或者审判业务庭组织实施。法官在执行公务时,必须两人以上,着装整齐,举止文明,并按规定向有关人员出示工作证和执行公务证;保全执行必须依据保全裁定,按法定程序组织实施。在仲裁程序中申请财产保全的,未经人民法院作出裁定的,不予保全;当事人申请保全时,由案件承办人审查保全申请是否成立,担保手续是否完备,符合保全条件的,请示庭长及主管院长,同意后,立即制作保全裁定书。同时,核算保全费用,督促申请人交纳;被保全财产在当地的,承办人应当在48小时内采取措施。在上述时间内未能采取措施的,应报告庭长及主管院长并说明原因,经批准后可适当延长,但不得超过36小时。诉前保全或者情况紧急的应当立即执行,保全执行的同时,承办人应按照法律规定的时限向申请人、被申请人、义务协助人送达民事裁定书。同时将采取强制措施的相关材料及时入卷;情况紧急时,各部门应密切配合,快速办理,可通过电话方式直接向领导请示,有关审批手续等均可事后补办。

　　财产保全解除。诉讼保全的效力一般应维持到生效的法律文书执行时止。在诉讼过程中,需要解除保全措施的,人民法院应当及时作出裁定解除保全措施。审判实践中,遇有下列情形之一的,应当依法及时解除财产保全。1.申请人自愿申请解除保全措施或申请人在诉讼过程中申请撤诉并经人民法院裁定准许的, 则采取保全措施的目的和意义已不复存在,人民法院亦及时解除诉前保全。2.被申请人提供了相应数额的可供执行的财产担保, 应当解除财产保全。对被申请人提供的担保,人民法院应当严格审查,被申请人提供的担保可以是现金担保、实物担保,也可以是资信可靠的保证人出具的保证书。无论何种担保,要以人民法院易于控制和便于执行为标准。担保金额要与保全财产的价值或申请人请求的价值相当。实践中,担保一般是现金或银行等金融机构以及资信很好的大型企业出具的担保。另外,向人民法院提供的担保应是无条件、无期限、不可撤销的,否则不予接受。若担保人提供了金额不足的担保,可以接受,但仅对相应价值解除保全,而对与不足部分相当的财物,继续实施保全措施。3.有其他应当解除保全措施情况发生的,如当事人已自觉履行了调解书或判决书所确定的给付义务,或作出财产保全裁定的人民法院或上级法院发现采取保全措施明显错误的等,均应依法及时解除财产保全。

财产保全申请书格式

财产保全申请书

　　申请人:(姓名、性别、年龄、民族、籍贯、职业、工作单位、职务、家庭住址或常住地址、电话)

被申请人:(姓名、性别、年龄、民族、籍贯、职业、工作单位、职务、家庭住址或常住地址、电话)

请求事项:说明要求申请保留的财产内容(数额或数量等)信息

事实和理由:

1.陈述法律事实、因果关系

2.相关证据

申请人本人提供担保:

特此申请

此致

××××人民法院

申请人:(姓名)

年　月　日

保全申请书范文

财产保全申请书

申请人:××××××发展有限公司

住所:××省××市××区××××大街××号

法定代表人:金××　职务:总经理

被申请人:××××石油化工有限责任公司

住所:××省××市××××大道××号

法定代表人:王××　职务:董事长

请求事项:

申请对被申请人1104553.87元的财产采取冻结存款(或查封、扣押财产)保全措施。

事实和理由：

申请人已就技术使用费争议向你会提交民事起诉状。根据《中华人民共和国诉讼法》之有关规定,特向贵院申请对被申请人的财产采取冻结存款(或查封、扣押财产)保全措施。如因采取保全措施不当,造成被申请人财产损失,由我单位承担责任。

提供担保如下：以申请人使用的位于××××街的土地使用权作担保。

此致

××市××区人民法院

申请人：××××××发展有限公司

2011 年 8 月 10 日

八、先予执行申请书

先予执行,是指人民法院在终局判决之前,为解决权利人生活或生产经营的急需, 裁定义务人预先履行将来生效判决中所确定之义务的一种措施

先予执行的着眼点是满足权利人的迫切需要。例如,原告因高度危险作业而遭受严重的身体伤害, 急需住院治疗, 原告无力负担医疗费用,而与负有承担医疗费用义务的被告不能协商解决,原告诉至人民法院,请求法院判决。民事案件从起诉到作出生效判决,需要经过较长的

时间,如不先予执行,必然使原告的治疗耽误时间,或者造成严重后果。在这样的案件中,如不先予执行,等人民法院作出生效判决后再由义务人履行义务,就会使权利人不能得到及时治疗。人民法院依法裁定先予执行,就可以解决这个问题。

先予执行的法律依据:

《中华人民共和国民事诉讼法》第106条 人民法院对下列案件,根据当事人的申请,可以裁定先予执行:

(一)追索赡养费、扶养费、抚育费、抚恤金、医疗费用的;

(二)追索劳动报酬的;

(三)因情况紧急需要先予执行的。

第107条 人民法院裁定先予执行的,应当符合下列条件:

(一)当事人之间权利义务关系明确,不先予执行将严重影响申请人的生活或者生产经营的;

(二)被申请人有履行能力。

人民法院可以责令申请人提供担保,申请人不提供担保的,驳回申请。申请人败诉的,应当赔偿被申请人因先予执行遭受的财产损失。

第108条 当事人对保全或者先予执行的裁定不服的,可以申请复议一次。复议期间不停止裁定的执行。

《最高人民法院关于适用〈中华人民共和国民事诉讼法〉若干问题的意见》部分相关内容:

民事诉讼法规定的先予执行,人民法院应当在受理案件后终审判决作出前采取。先予执行应当限于当事人诉讼请求的范围,并以当事人的生活、生产经营的急需为限。

民事诉讼法第97条第(三)项规定的紧急情况,包括:

(1)需要立即停止侵害、排除妨碍的;

（2）需要立即制止某项行为的；

（3）需要立即返还用于购置生产原料、生产工具货款的；

（4）追索恢复生产、经营急需的保险理赔费的。

对当事人不服财产保全、先予执行裁定提出的复议申请，人民法院应及时审查。裁定正确的，通知驳回当事人的申请；裁定不当的，作出新的裁定变更或者撤销原裁定。

人民法院先予执行后，依发生法律效力的判决，申请人应当返还因先予执行所取得的利益的，适用民事诉讼法第233条的规定。

先予执行的适用范围。民事诉讼法规定的先予执行适用的案件范围是：第一，追索赡养费、扶养费、抚育费、抚恤金、医疗费用的案件；第二，追索劳动报酬的案件；第三，因情况紧急需要先予执行的案件。根据最高人民法院的有关司法解释，所谓的情况紧急，主要是指下列情况：需要立即停止侵害，排除妨碍的；需要立即制止某项行为的；需要立即返还用于购置生产原料、生产工具款的；追索恢复生产、经营急需的保险理赔费的。

先予执行的条件。上述类型的案件，需要先予执行的，还应当满足下列条件：第一，当事人之间事实基本清楚、权利义务关系明确，不先予执行将严重影响申请人的生活或生产经营的。即当事人之间谁享有权利谁负有义务是明确的。先予执行是预先实现权利人的权利，如果当事人之间谁享有权利谁承担义务不明确，也就无所谓预先实现权利的问题。在司法实践中要求案件的基本事实是清楚的，人民法院根据案情能够判断出谁是权利人以及权利人享有什么性质的权利。就被申请人承担的义务的性质而言，通常是属于给付、返还或赔偿义务的性质。第二，申请人有实现权利的迫切需要。即如果申请人不预先实现有关的权利，则其生活或生产就会遇到极大的困难。第三，当事人向人民法院提出了申请,案件的诉讼请求属于给付之诉。当事人是否因生活或生产的急需而要立即实现有关的权利,当事人自己最清楚,因此,先予执行的要求应当由当事人主动向人民法院提出,人民法院不能主动依职权裁定采取先予执行的措施。第四,被申请人有履行的能力。因为只有被申请人具有履行的能力,申请人的申请才有可能实现,人民法院作出的先予执行的裁定才有实际意义。

先予执行申请的程序。先予执行的申请由权利人向受诉人民法院以书面的形式提出,人民法院不能在没有权利人提出申请的情况下依职权主动采取措施。当事人申请先予执行,人民法院认为有必要让申请人提供担保的,可以责令申请人提供担保,当事人不提供担保的驳回申请。

先予执行裁定及执行。人民法院对当事人提出的先予执行的申请应当进行审查,审查的内容主要是两个方面:一是申请先予执行的案件是否属于先予执行的范围;二是申请是否符合先予执行的条件。人民法院对符合先予执行条件的申请,应当及时作出先予执行的裁定。裁定送达后即发生法律效力,义务人不服可以申请复议一次,但复议期间,不停止先予执行裁定的效力。义务人应当依裁定履行义务,拒不履行义务的,人民法院可以根据权利人的申请或依职权决定采取执行措施强制执行。义务人申请复议有理的,人民法院应当裁定撤销原裁定。若原裁定已执行的,人民法院应当采取执行回转措施。

先于执行裁定的最终处理。根据我国民事诉讼法的规定,人民法院在案件审理终结时,应当在裁判中对先予执行的裁定及该裁定的执行情况予以说明及提出处理意见。权利人胜诉,先予执行正确的,人民法院应在判决中说明权利人应享有的权利在先予执行中已得到全部或部分的实现;权利人败诉,先予执行错误的,人民法院应在判决中指出先予执行是错误的,责令申请人返还因先予执行所取得的利益或裁定采取执行回转措施强制执行,被申请人因先予执行遭受损失的,申请人应当赔偿。

先予执行申请书的内容和写作要求:

首部,即标题,写明"先予执行申请书"。

正文,首先,当事人的基本情况。在"申请人"栏内,依次写明姓名、性别、年龄、民族、籍贯、职业、住址等7项。如果申请人系无行为能力人或者限制行为能力人,则要将其法定代理人的身份情况写明。被申请人的身份等基本情况同申请人。被申请人系法人或其他组织的,则应写明单位的全称和住所,并写明其法定代表人或者主要负责人的姓名、职务。其次,申请事项。这一项应将申请人要求先予执行的内容写清楚,如先予执行赡养费或赔偿金等,并将要求给付的物品、款项写明白。再次,申请理由。应围绕申请事项来写。一般地说,一个案件从收案,经过审理,到结案,中间虽然需要一定的时间,但毕竟不是遥遥无期;申请先予执行,是因为事情紧急,"等不得"。如不先予执行一定款项,申请人就无法正常生活。因此,应详细地将"等不得"的紧急情况写出来,以达到让人民法院认可,从而责令被申请人先予执行的目的。正文部分在写法上应注意的问题有:1.在起诉状中已阐明的事实和问题,在先予执行申请书中可概述或者不写;2.详细写明申请人急需先予执行的事实。比如对无经济来源、生活困难、病人开刀急需手术费等紧急情况要详写细写;3.文字上要言简意赅,不要言不及义。

尾部,写送达用语,即"此致××人民法院"。申请人签字盖章,注明制作申请书的时间。

先予执行申请书的格式

先予执行申请书

申请人：×××（写明姓名、性别、年龄、民族、籍贯、职业或者工作单位和职务、住址）

被申请人：×××（写明姓名、性别、年龄、民族、籍贯、职业或者工作单位和职务、住址）

上列申请人与被申请人间，因 _____ 纠纷于 _____ 年 _____ 月 _____ 日向贵院起诉在案，现因申请人生活无法维持（或者是无力支付医疗费用，或者是生产即将停顿，或者是工作无法开展），为此，申请裁定先予执行，责令被申请人先行给付一部分款项（或某项物品）。

请求事项：（请求人民法院责令被申请人先行给付的内容）

1. ……

2. ……（写明给付数量、金额等）

事实与理由：

特此申请。

此致

×××人民法院

申请人：×××（签字或者盖章）

年　月　日

附：1.书证 _____（名称）_____ 件；

　　2.物证 _____（名称）_____ 件。

先予执行申请书范文

先予执行申请书

申请人：韩××，男，1982年2月17日出生，汉族，××县人，农民，住××县××镇××村。

被申请人：××省××县远征造纸厂，住所地××县××镇头岙村。

申请人与被申请人之间因交通事故人身损害赔偿纠纷尚在贵院重审中，然原告现在生活已陷入极度穷困之中，特申请先予执行，责令被申请人先行支付。

请求事项：

请求贵院裁定被申请人立即给付现金10万元人民币。

事实理由：

2004年5月7日18时40分前后，被申请人的××号栏板大货车从××××运货驶往××××方向，行使至××××线××路段与申请人骑自行车发生碰撞，造成申请人受伤及自行车损坏的交通事故，申请人受伤后先后在××××县人民医院、××××市×××××医院等进行治疗，花去数万元的费用，而此次交通事故于2004年5月17日由××××县交警大队作出事故认定，由被申请人担全责。2005年1月20日申请人被××××市二院鉴定为四级重伤残。由于被申请人一直怠于履行其应负的责任，原告于2005年7月25日向贵院提起诉讼，贵院于2006年2月13日作出（2005）××民初字第674号判决书，但被申请人不服贵院判决于2006年2月24日向××××市中院提起了上诉,××××市中院于 2006 年 6 月 8 日作出(2006)××民一终字第 250 号裁定书,发回贵院重审,现该案尚在贵院重审中。

事故发生至今已历时两年多,申请人为此次事故已花费巨额费用,作为普通的家庭实不堪其重,并为此而债台高筑,再加上历时一年多的诉讼,无疑是给原已穷困的申请人雪上加霜。现在申请人的生活已极度困穷,虽未到衣不果腹的地步,但说已陷入四面楚歌之境未为过。

基于以上事实,根据《中华人民共和国民事诉讼法》第 97 条的规定,特向贵院申请裁定被申请人先予给付 10 万元人民币。

此致

××××县人民法院

申请人:韩××

2006 年 12 月 30 日

九、民事回避申请书

回避,是指审判人员及其他有关人员,遇有法律规定的一定情形时,主动提出或者根据当事人请求,退出对某一具体案件的审理或诉讼活动的制度。回避制度是为了保证案件公正审理而设立的一种重要的审判制度。根据《民事诉讼法》有关规定,回避的方式有审判人员及其他有关人员自行回避和当事人及其诉讼代理人申请回避。当事人根据法律规定的回避条件,有权以口头或书面方式申请审判人员及其他有关人员回避,这是当事人的一项重要诉讼权利。当事人以书面形式提出回避要求,应当向人民法院递交回避申请书。

回避申请书,是指人民法院审理民事案件过程中,执行审判任务的审判人员或其他有关人员与案件具有一定利害关系,遇有法律规定的情形,当事人及其诉讼代理人向人民法院提交的,请求有关人员退出本案诉讼活动的法律文书。当事人向人民法院提交回避申请书,是其行使法律赋予他的回避申请权的表现。根据《民事诉讼法》第45条规定,审判人员、书记员、翻译人员、鉴定人、勘验人具有法定情形,当事人有权以书面方式申请他们回避。

申请人向人民法院提交回避申请书的条件:必须符合《民事诉讼法》规定的条件。具体条件是:(一)申请人提出回避申请,必须基于被申请人具有法律规定应当回避的情形。即:1.被申请人是本案的当事人或当事人、诉讼代理人的近亲属。近亲属通常是指配偶、父母、子女、兄弟姐妹、祖父母、外祖父母、孙子女、外孙子女。2.被申请人与本案有利害关系,案件处理结果会直接或间接地影响到法官或其他有关人员的利益。3.被申请人与本案当事人有其他关系,可能影响对案件的公正审理。这里的“其他关系”指除上述关系外的本案当事人间存在的足以影响案件公正审理的关系,如师生关系、朋友关系等。(二)被申请人必须是审理本案的审判人员或参与本案诉讼活动的书记员、翻译人员、鉴定人、勘验人。(三)当事人及诉讼代理人应在案件开始审理时提出回避申请,提交申请书。回避事由在案件审理开始后知道的,也可以在法庭辩论终结前向人民法院提出回避申请。

根据法律和最高检的规定,回避的情形分为三种:主动申请回避、当事人申请回避、上级领导和机关要求回避,其中,办案机关和人员的主动回避被法律置于第一位,也就是说,法律是将这一点作为司法机关和司法人员的义务来强调规范,意图约束司法机关自避嫌疑,以确保程序公正。

根据民事诉讼法第 45 条的规定,审判人员、书记员、翻译人员、鉴定人和勘验人有下列情形之一的,必须回避:1.是本案的当事人或者当事人、诉讼代理人的近亲属。本案的当事人,包括原告、被告、有独立请求权第三人和无独立请求权第三人。当事人是实体权利的享有者和义务的承担者,只能以当事人的身份参加诉讼,而不能以当事人和办案人员的双重身份出现,所以必须回避。当事人、诉讼代理人的近亲属,是指本案当事人或诉讼代理人的配偶、父母、子女、兄弟姐妹、祖父母、外祖父母、孙子女、外孙子女。2.与本案有利害关系。所谓与本案有利害关系,是指案件的处理结果直接或间接地涉及审判人员自身的利益。这种利害关系,既可能是法律上的利害关系,也可能是事实上的利害关系。3.与本案当事人有其他关系,可能影响对案件公正审理的。其他关系,指除上述关系以外的其他关系。比如,与当事私交甚笃的同学、朋友或与当事人积怨很深的仇人、对手,等等。这些关系,只要可能影响案件公正审理的,就应当回避。

上述三个条件,只要具有其中之一,审判人员即应自动回避,当事人也有权申请他们回避。以上关于审判人员回避的规定,同样适用于本案的书记员、翻译人员、鉴定人、勘验人。从理论上说,适用回避制度的人员是在审判活动中具有一定审判职能或代行某种职能的人,上述人员虽非审判人员,但都担当或执行本案有关任务,参与案件审判,为确保审判公正,具有法定情形的,亦应回避。

申请回避提出的时间。根据民事诉讼法第四十六条的规定:"当事人提出回避申请,应当说明理由,在案件开始审理时提出;回避事由在案件开始审理后知道的,也可以在法庭辩论终结前提出。被申请回避的人员在人民法院作出是否回避的决定前,应当暂停参与本案的工作,但案件需要采取紧急措施的除外。"

《中华人民共和国民事诉讼法》对回避有专门规定。关于审判人员、书记员、翻译人员、鉴定人、勘验人自行回避和当事人申请回避的理由，和刑事诉讼法的规定基本相同。当事人申请回避应当说明理由。被申请回避的人员在法院作出是否回避的决定前，应暂停参与本案的工作，但案件需要采取的紧急措施除外。法院应在回避申请提出的3日内，以口头或书面形式作出决定。申请人对决定不服的，可在接到决定时申请复议一次。复议期间，被申请回避的人员不停止参与本案的工作。法院应在3日内作出复议决定，并通知复议申请人。

我国《刑事诉讼法》第28条明确规定，如果检察人员与案件有利害关系或者有其他关系可能影响公正处理案件的，"应当自行回避"；根据这一法定原则，《人民检察院刑事诉讼规则》第20条进一步明确规定，检察人员在受理举报和办理案件过程中，发现有前述情形的，"应当自行提出回避；没有自行提出回避的，人民检察院应当按照本规则第23条的规定决定其回避，当事人及其法定代理人有权要求其回避"；对于应当回避而没有回避的现象和人员，2000年7月4日最高人民检察院第九届检察委员会第65次会议通过的《检察人员任职回避和公务回避暂行办法》第16条规定：要"视情节予以批评教育、组织调整或者给予相应的纪律处分"。

《中华人民共和国民事诉讼法》（2012年修正）第123条规定："开庭审理时，由审判长核对当事人，宣布案由，宣布审判人员、书记员名单，告知当事人有关的诉讼权利义务，询问当事人是否提出回避申请。"申请人提交回避申请书后，审判人员是否回避，由法院院长决定；其他人员是否回避，由审判长决定。民事诉讼法设立回避制度，是为了确保审判的公正性。当事人及其法定代理人向人民法院提交回避申请书，人民法院予以审查并作出被申请人是否回避的决定，可以消除当事人的疑虑，使其放心、充分地行使诉讼权利。同时人民法院接受回避申请，可以在被申请人未自行回避时了解到其与本案的关系，并在审查确认后把存在可能影响案件公正审理情形的审判人员和其他有关人员排除出审判活动，以保证审判过程和审判结果的公正性，维护法律尊严和人民法院的威信。

当事人只要在限定时间内提出回避申请并说明理由，被申请回避的人员即应暂时停止审理或参与本案的工作，以待人民法院作出是否回避的决定。但也不能一概而论，有的案件正需要采取紧急措施，若因当事人申请回避而停止执行职务，势必给案件的审理和执行带来难以弥补的损失。在这种情况下，被申请回避的人员，仍应及时采取措施，但本案其他工作必须暂停。比如有的财产案件，当事人要转移争议的标的物，急需采取查封、扣押等保全措施，即使当事人提出回避申请审判人员仍应履行职责，迅速果断地采取措施。

申请回避是当事人享有的一项重要的诉讼权利，人民法院应切实保障当事人行使这一权利。法律规定回避制度，是法律的严肃性和法制的民主精神的体现，它可以避免案件承办人和其他诉讼参与人在诉讼过程中偏袒亲友，减少徇情枉法现象，保证案件得以公正处理，从而使当事人的合法权益得以保护。

回避申请书的内容和写法

开篇：写明文书名称"回避申请书"。

正文部分：

1.申请人的基本情况。填写申请人基本情况时应该注意以下问题：(1)申请人是自然人的，写明其姓名、性别、年龄、民族、职业或工作单位和职务、住所。住所与经常居住地不一致的,写经常居住地;申请人是法人的,写明法人名称和住所,并另起一行写明法定代表人及其姓名和职务;申请人是不具备法人条件的组织或起字号的个人合伙的,写明其名称或字号和住所,并另起一行写明主要负责人及其姓名和职务;申请人是个体工商户的,写明业主的姓名、性别、年龄、民族、住所;起有字号的,在其姓名之后用括号注明"系……(字号)业主"。(2)有法定代理人或指定代理人的,应列项写明其姓名、性别、职业或工作单位和职务、住所,并在姓名后括注其与申请人的关系。(3)有委托代理人的,应列项写明姓名、性别、职业或工作单位和职务、住所,如果委托人系律师,只写明其姓名、工作单位和职务。

2.请求事项。在这一栏内,写明请求申请回避的人员的姓名,在本案中所担负的职责。例如负责审查起诉、负责审理工作等,或者在本案中担任记录、翻译或鉴定工作等。明确提出更换该审判人员或鉴定、翻译、书记人员的要求。

3.事实与理由。在这一栏内,主要写明其为什么应当回避。首先,根据有关事实,说明该案的审判人员或者是某个当事人的近亲属,或者是曾经担任过本案的证人、鉴定人、辩护人,或者与本案的当事人之间存在有某种恩怨关系等,因此不得参与本案的处理。其次,应当列举有关的证据,说明所举事实是正确的,不是虚构的。再次,应当引用有关法律条文,说明申请回避书中所阐述的理由是有法律依据的。法律依据的引用,应当具体、全面、准确。引用的法律应写全称,如《中华人民共和国民事诉讼法》,不能写简称,有失严肃。引用的法律条文,应当具体到条款项。

尾部:1.写明致送的人民法院名称,即分二行列写"此致"、"人民法院"。

2.在正文的右下方,由申请人签名或盖章,申请人是法人或其他组织的,写明法人或其他组织的名称,其法定代表人或主要负责人亦应签字。

3.注明具文的年、月、日。

回避申请书格式

回避申请书

申请人:

被申请人:姓名、性别、工作单位及职务、参与本案工作的职务

请求事项及理由:

此致

××××人民法院

申请人:(签名)

年　　月　　日

回避申请书范文

回避申请书

申请人:××市×公司

地址:××市××区××街××号

法定代表人:伍××职务:经理

被申请人:蒋××,女,××市××区人民法院民事审判庭助理审判员,在审理申请人诉××市×公司债务纠纷一案中担任审判员。请

求事项及理由：

据悉，被申请人蒋××与本案被告××市××公司的委托代理人王××是堂兄妹关系。为避免本案不公正审理，根据《中华人民共和国民事诉讼法》第45条第1款第1项规定，审判人员是本案当事人或者当事人、诉讼代理人的近亲属，必须回避，现申蒋××回避。请人民法院审查，更换审判员审理本案。

此致

××市××区人民法院

申请人：××市××公司（加盖公章）　法定代表人：伍××

×年×月×日

十、宣告失踪申请书

宣告失踪指经利害关系人申请，由人民法院对下落不明满一定期间的人宣告为失踪人的制度。为消除因自然人长期下落不明所造成的不利影响，法律通过设立宣告失踪制度，通过宣告下落不明人为失踪人，并为其设立财产代管人，由代管人管理失踪人财产，以保护失踪人与相对人的财产权益。它是一种不确定的自然事实状态的法律确认，目的在于结束失踪人财产关系的不确定状态，保护失踪人的利益，兼及利害关系人的利益。

申请条件：按照中国法律规定，公民下落不明满两年的，利害关系人可以向人民法院申请他为失踪人。宣告失踪必须具备以下三个条件：

（一）主体条件：必须由利害关系人向人民法院申请。利害关系人包括配偶、父母、成年子女、祖父母、外祖父母、兄弟姐妹以及与被宣告失踪的人有民事权利义务关系的公民和法人。(二)客体条件:1.有下落不明的事实。如发生洪水、地震、战争等情况。如果知道某人在某地,即使很久没有回来,也不能认为失踪。2.下落不明必须满两年。其中战争期间下落不明的,下落不明的时间从战争结束之日起算。(三)形式条件。申请必须采用书面形式,不得口头申请。必须经人民法院依照法定程序宣告失踪,任何单位与个人没有这个权利。

申请的法律程序:根据《民事诉讼法》第166条的规定,申请人民法院宣告公民失踪,必须具备三个条件:1.必须有公民下落不明满2年的事实。所谓下落不明,是指公民最后离开自己住所或居所地后,去向不明,与任何人都无联系,杳无音讯。认定公民下落不明的起算时间,应当从公民离开自己的最后住所地或居所地之日起,连续计算满2年,中间不能间断,如有间断,应从最后一次出走或最后一次来信时计算;战争期间下落不明的,从战争结束之日起计算;因意外事故下落不明的,从事故发生之日起计算;登报寻找失踪人的,从登报之日起计算。2.必须是与下落不明的公民有利害关系的人向人民法院提出申请。利害关系人,是指与下落不明的公民有人身关系或者民事权利义务关系的人。包括失踪公民的配偶、父母、成年子女、祖父母、外祖父母、成年兄弟姐妹以及其他与之有民事权利义务关系(如债权债务关系)的人。3.必须采用书面形式提出申请。申请书应写明失踪的事实、时间和申请人的请求、并附有公安机关或者其他有关机关关于该公民下落不明的书面证明。其他有关机关,是指公安机关以外的能够证明该公民下落不明的机关。

宣告失踪案件,人民法院可以根据申请人的请求,清理下落不明人的财产,指定诉讼期间的财产代管人。

宣告失踪案件的管辖：根据《民事诉讼法》第 166 条的规定，宣告公民失踪的案件，由失踪人住所地的基层人民法院管辖。这样便于受诉人民法院就近调查被申请人下落不明的事实，便于人民法院发出寻找失踪人的公告，也便于人民法院审理案件。

宣告失踪案件的公告。根据《民事诉讼法》第 168 条的规定，人民法院受理宣告失踪案件后，应当发出寻找失踪人的公告。公告期为 3 个月。公告期间是寻找该公民、等待其出现的期间。公告寻找失踪人，是人民法院审理宣告公民失踪案件的必经程序。因为宣告失踪是一种推定，而这一推定又将给被宣告失踪的公民带来重大影响。所以，为了充分保护该公民的民事权益，使判决建立在慎重、准确的基础上，人民法院必须发出公告。

宣告失踪案件的判决。公告期满，该公民仍然下落不明的，人民法院应确认申请该公民失踪的事实存在，并依法作出宣告该公民为失踪人的判决。如公告期内该公民出现或者查明下落，人民法院则应作出判决，驳回申请。

宣告失踪案件的法律后果。失踪人的财产由他的配偶、父母、成年子女或者关系密切的其他亲属、朋友代管。没有以上人选或有争议的由法院指定代管。代管人负有管理失踪人财产的职责，代管人不履行代管职责或者侵犯失踪人财产的，失踪人的利害关系人可以向法院请求代管人承担民事责任，也可申请变更代管人。

宣告失踪案件的公告期。根据《中华人民共和国民事诉讼法》168条人民法院受理宣告失踪、宣告死亡案件后，应当发出寻找下落不明人的公告，宣告失踪的公告期间为 3 个月，宣告死亡的公告期间为一年。因意外事故下落不明，经有关机关证明该公民不可能生存的，宣告死亡的公告期间为 3 个月。公告期间届满，人民法院应当根据被宣告失踪、宣告死亡的事实是否得到确认,作出宣告失踪、宣告死亡的判决或者驳回申请的判决。

宣告失踪案件的撤销.被宣告失踪的人重新出现或者确切知道他的下落,经本人或利害关系人申请,法院应当撤销对他的失踪宣告。撤销后,财产代管关系终止,代管人停止代管行为,将代管财产交给被撤销宣告人。

宣告失踪的相关法条。《民法通则》第20条公民下落不明满2年的,利害关系人可以向人民法院申请宣告他为失踪人。战争期间下落不明的,下落不明的时间从战争结束之日起计算。第22条被宣告失踪的人重新出现或者确知他的下落,经本人或者利害关系人申请,人民法院应当撤销对他的失踪宣告。

宣告失踪申请书由五部分组成:1.本申请书名称。如果申请宣告失踪,其名称应为宣告失踪申请书。2.申请人的个人基本情况。申请人应是申请人民法院要求宣告失踪或死亡的利害关系人。应写明:姓名、性别、出生年月日、民族、籍贯、职业、工作单位和职务、住址等。3.申请人的请求事项。在请求事项中应写明:请求宣告公民×××失踪",公民在一定期间下落不明,其财产权益、人身权利均处于非正常状态。这种状态影响到利害关系人的财产权益和人身权利,利害关系人的财产权益和人身权利处于不确定状态。设立宣告失踪的法律制度,可用法定形式解除利害关系人财产权益和人身权利的不确定、不正常状态。这对维护他人合法权益、维护社会正常运转秩序具有积极的法制意义。因而,公民出现失踪、死亡、下落不明的情形时,其利害关系人可以按法定条件、法律程序,向人民法院请求宣告失踪或请求宣告死亡。4.申请人请求宣告失踪的事实与理由。在这一部分中写三层内容:①请求宣告失踪的事实情况、时间、情节以及失踪人与利害关系人的法律关系。失踪的时间应周详表述。②请求宣告失踪的证明。应将公安机关或者其他有关机关对失踪公民情况的证明列述清楚,并附证明材料。③请求宣告失踪的理由。这里应注意将请求宣告失踪的法律根据阐明。5.结尾。其内容有四:①本申请书所提交的人民法院名称;②附件的名称与份数;③申请人签名或盖章;④写明申请日期——年月日。

宣告失踪申请书的写法:本申请书的主要内容是事实与理由。写作这一部分有三种方法。1.说明方法。对于申请宣告失踪的事实采取说明方法。说明失踪人与利害关系人的法律关系;说明失踪人失踪的事由、经过、情节:说明失踪人下落不明的具体时间期限。2.论证方法。对于申请宣告失踪的事实,用证据证明论证,论述应当宣告失踪的理由。3.引用法条方法。在引用法条之前扼要陈述失踪人下落不明的时间,然后引证法条申请宣告失踪或死亡。

宣告失踪申请书格式

申请书

申请人:×××(写明姓名、性别、年龄、民族、籍贯、职业或者工作单位和职务、住址、联系电话)

申请事由:

请求人民法院宣告×××(失踪人姓名)失踪。

事实和理由:

申请人×××与被申请人×××系×××(写明双方的关系,是夫妻,还是父子、母子等)关系,因其××××(写明失踪的原因),从某年某月某日出走至今已下落不明满二年。根据《中华人民共和国民法通则》之规定,特向贵院提出申请,请求宣告×××失踪。

此致

××××人民法院

申请人:×××(签名或者盖章)

年　月　日

十一、宣告死亡申请书

宣告死亡是指自然人离开住所,下落不明达到法定期限,经利害关系人申请,由人民法院宣告其死亡的法律制度。与宣告失踪制度的设计目的相比,宣告死亡主要解决失踪人的整个民事法律关系的状态问题,而宣告失踪则主要解决失踪人的财产管理问题。故宣告死亡重在保护被宣告死亡人的利害关系人的利益,而宣告失踪则重在保护失踪人的利益。

宣告死亡条件。《民法通则》第23条规定了宣告死亡的条件:

公民下落不明须达到法律规定的期限

(一)下落不明满4年的;

(二)因意外事故下落不明,从事故产生之日起满2年的。战争期间下落不明的,下落不明的时间从战争终结之日起计算,满4年的。

只有利害关系人提出宣告死亡申请的,人民法院才能依法作出死亡宣告。宣告失踪人死亡,必须由利害关系人向失踪人的住所地或最后居住地的基层人民法院提出宣告死亡的申请。人民法院应当发出寻找失踪人的公告,公告期间为1年。寻找失踪人公告期限届满仍无失踪人生存消息的,便可作出死亡宣告判决之日期为失踪人死亡的时间。

此类事例比如登山遇雪崩、大海沉船等,等两年没有必要,只要有有关机关的证明即可。

另外,最高人民法院关于适用《中华人民共和国民事诉讼法》若干问题的意见规定,人民法院判决宣告公民失踪后,利害关系人向人民法院申请宣告失踪人死亡,从失踪的次日起满4年的,人民法院应当受理,宣告失踪的判决即是该公民失踪的证明。

宣告死亡的撤销。宣告死亡不等于就是人的生理上的死亡,有的可能是真死了,有的则可能没死,有些甚至又返回了家园。遇到这种情况,民法作出了相应规定。《民法通则》第24条规定:被宣告死亡的人重新出现或者确知他没有死亡,经本人或者利害关系人申请,人民法院应撤销对他的死亡宣告。随着死亡宣告的撤销,被宣告死亡的人应恢复原有的人身权利和其权利义务。根据民法通则第25条规定:被撤销死亡宣告的人有权请求返还财产。依据继承法取得他的财产的公民或者组织,应当返还原物;原物没有保存的,给予适当补偿。因为被宣告死亡的人并没有死,缘由他所有的已作为遗产分割了财产,自然应当返还。在婚姻家庭关系上,如被宣告死亡人的配偶尚未与别人再婚,他们的婚姻关系应当恢复;如原配偶已与他人结婚,则保护后一个婚姻。如被宣告死亡人的子女被他人依法收养,其收养关系能否解除,可协商解决。

宣告死亡的审理。人民法院审理宣告公民死亡的案件,一般要经过以下几个阶段或者步骤:一、申请和受理。宣告公民死亡,必须由利害关系人向有管辖权的人民法院提出书面申请。对利害关系人的申请,人民法院应当进行审查,认为手续不完备且无法补正的,驳回申请;认为手续完备的,受理案件,进行审理。人民法院受理申请后,可以根据申请人的请求,清理下落不明人的财产,并指定审理期间的财产管理人。二、发出寻找下落不明人的公告。人民法院受理宣告死亡案件之后,必须发出寻找下落不明人的公告。被申请宣告死亡的公民下落不明满4年或者因不测的事故下落不明满2年的,公告期间为1年;被申请宣告死亡的公民因遇到意外事故下落不明,经有关机关证明其不可能生存的,公告期间为3个月。公告期间是寻找下落不明人、等待其出现的期间,也是宣告公民死亡的必经期间,人民法院不得缩短或者延长。人民法院判决宣告公民失踪后,利害关系人向人民法院申请宣告失踪人死亡,从失踪的次日起满4年的,人民法院应当受理,宣告失踪的判决即是该公民失踪的证明,审理中仍应当依据发出寻找失踪人的公告,公告期间为1年。三、判决。在寻找下落不明人的公告期间,被申请宣告死亡的公民出现,或者确知其下落的,人民法院应当作出驳回申请的判决,终结案件的审理。

公告期间届满,下落不明人仍未出现,宣告死亡的事实得到确认的,人民法院应当作出宣告该公民死亡的判决。判决书除应当送达申请人外,还应当在被宣告死亡的公民的住所地和人民法院所在地公告。判决一经宣告,即发生法律效力。判决宣告的日期,就是被宣告死亡的公民的死亡日期。

被宣告死亡的公民重新出现的处理:

宣告死亡只是推定死亡,被宣告死亡的公民完全有可能重新出现或者确知其没有死亡。被宣告死亡的公民重新出现或者确知其没有死亡的,经本人或者利害关系人申请,人民法院应当作出新判决,撤销原判决。人民法院作出新判决后,被撤销死亡宣告的公民的人身和财产关系依照下列方法处理:

首先,其因宣告死亡而消灭的人身关系,有条件恢复的,可以恢复。

被撤销死亡宣告的公民的配偶尚未再婚的，夫妻关系从撤销死亡宣告之日起自行恢复；其配偶已再婚，或者再婚后又离婚，或者再婚后配偶又死亡的，则不得认定夫妻关系自行恢复。在被宣告死亡期间，子女被他人收养，死亡宣告被撤销后，被撤销死亡宣告的公民仅以未经本人同意而主张收养关系无效的，一般不应当准许，但收养人和被收养人同意的除外。

其次，被撤销死亡宣告的公民有权请求返还财产。其原物已被第三人合法取得的，第三人可以不予返还。但依继承法取得原物的公民或者组织，应当返还原物或者给予适当补偿。利害关系人隐瞒真实情况使他人被宣告死亡而取得财产的，除应当返还原物及孳息外，还应当对造成的损失予以赔偿。

宣告死亡的程序：一、经利害关系人申请。申请人包括：（一）配偶；（二）父母、子女；（三）兄弟姐妹、祖父母、外祖父母、孙子女、外孙子女；（四）其他有民事权利义务关系的人。必须按此顺序申请，顺序在先的申请人有排他效力，有在先顺序的排除在后顺序，同顺序的权力平等。例如：甲下落不明已满5年，其妻子乙提出要求离婚，甲所在单位丙则要求宣告甲死亡。在此例中，由于乙只是要求离婚，说明乙不打算宣告死亡，而配偶是第一顺序的利害关系人，故丙申请宣告甲死亡的请求不能得到法院支持。二、须被申请人下落不明满一定期间。1.下落不明满4年；2.意外事故下落不明从事故发生日满2年。战争期间下落不明，下落不明的时间从战争结束之日起计算。三、须由人民法院宣告。人民法院受理宣告死亡案件后，必须发出寻找下落不明人的公告。被申请宣告死亡的公民下落不明满4年或者因意外事故下落不明满2年的，公告期间为1年；被申请宣告死亡的公民因意外事故下落不明，经有关机关证明其不可能生存的，公告期间为3个月。

宣告失踪不是宣告死亡的必经程序。如果自然人下落不明满 4 年，但利害关系人只申请宣告失踪的，人民法院仍然只能作出失踪宣告，而不能作出死亡宣告。

宣告失踪的法律后果。宣告死亡与自然死亡相同法律后果。被宣告死亡时间和自然死亡时间不一致的，被宣告死亡所引起的法律后果仍然有效，但自然死亡之前实施的民事法律行为与被宣告死亡引起的法律后果相抵触的，则以其实施的民事法律行为为准。有民事行为能力的人在被宣告死亡期间实施的民事法律行为有效，被宣告人的权利能力和行为能力并没有因为被宣告死亡而真实的消失，只要他或她还活着，他或她的能力都在法律上是存在的，也就是说宣告死亡是有地域限制的，它只能在当事人的住所地有效。对于在宣告法院所管辖的区域以外的地方，被宣告人仍有权利能力和行为能力从事他或她法律上允许做的事情。

宣告死亡撤销的效力。当被宣告死亡的人重新出现或者有人确知他没有死亡时，经本人或者利害关系人申请，人民法院应当撤销对他的死亡宣告，根据《民通意见》第 37 条至第 40 条的规定，死亡宣告的撤销产生如下效力：(一)被宣告死亡人的配偶未再婚的，夫妻关系从撤销死亡宣告之日起自行恢复。但是，如果配偶已再婚的，应保护现行夫妻关系；(二)如果配偶再婚后又离婚或者再婚后配偶他方又死亡的，不能自行恢复婚姻关系。被宣告死亡人在被宣告死亡期间，其子女被他人依法收养的，撤销死亡宣告后，仅以未经本人同意而主张收养关系无效的，一般不应准许，但收养人和被收养人同意的除外。(三)撤销死亡宣告后，本人可请求返还财产，但原物已经由第三人合法取得的，第三人不予返还。至于返还财产是否应受限制，存在两种观点。第一种观点认为，失踪人被宣告死亡以后，其财产被继承人继承，继承人将该财产视为自己的财产,正常消费不存恶意。继承人虽然获得了利益,但该利益的获得是因失踪人的原因而发生的。要求继承人对消费财产予以补偿,增加了继承人的负担,故应以现存财产为限予以返还。第二种观点认为,撤销死亡宣告,使继承人的继承权丧失了基础,故继承人应返还所继承的财产,使其恢复到未继承时的状态。因继承法而取得财产的自然人或者组织,应当返还原物或者给与适当补偿。我国《民法通则》第 25 条采用了第二种观点。利害关系人隐瞒真实情况致使他人被宣告死亡而取得财产的,除应返还原物和孳息以外,还应对他人造成的损失予以赔偿。

宣告失踪与宣告死亡的关系。宣告失踪并非宣告死亡的必经程序(所谓的下落不明不必须以宣告失踪来确认);申请人只申请宣告失踪的,即使符合宣告死亡条件的,也只能宣告失踪;同一顺序有的要求宣告失踪,有的要求宣告死亡的,应宣告死亡。

宣告死亡的公告期。根据《中华人民共和国民事诉讼法》第 168 条人民法院受理宣告失踪、宣告死亡案件后,应当发出寻找下落不明人的公告,宣告失踪的公告期间为三个月,宣告死亡的公告期间为一年。因意外事故下落不明,经有关机关证明该公民不可能生存的,宣告死亡的公告期间为三个月。

公告期间届满,人民法院应当根据被宣告失踪、宣告死亡的事实是否得到确认,作出宣告失踪、宣告死亡的判决或者驳回申请的判决。

宣告死亡申请书格式

宣告死亡申请书

申请人:×××(姓名、性别、年龄、职业、住址)

申请事由：

请求人民法院宣告×××(死亡人姓名)死亡

事实和理由：

被申请人×××(写明姓名、性别、年龄、籍贯、职业、原住址)。申请人×××与被申请人×××系×××(写明双方的关系,是夫妻,还是父子、母子等)关系,因其××××(写明原因),至今已下落不明满二年。根据《中华人民共和国民法通则》之规定,特向贵院提出申请,请求宣告×××为死亡。

此致

××××人民法院

申请人：×××(签名或者盖章)

×年×月×日

十二、支付令申请书

支付令申请书,是债权人以要求债务人给付金钱、有价证券为内容,请求有管辖权的基层人民法院向债务人发出催促债务人履行支付义务命令的法律文书。支付令申请书是债权人申请支付令的工具,也是基层人民法院发布支付令的依据。

支付令的法律依据。《中华人民共和国民事诉讼法》第189条规定,债权人请求债务人给付金钱、有价证券,符合下列条件的,可以向有管辖权的基层人民法院申请支付令:(1)债权人与债务人没有其他债务纠纷的;(2)支付令能够送达债务人的。申请书应当写明请求给付金钱或者有价证券的数量和所根据的事实、证据支付令申请书是债权人申请支付令的工具,也是人民法院发出支付令的依据。

支付令应当注意的问题。1.债权人申请支付令,必须提供债权凭证;对人民法院发布的支付令,债务人不提出异议,支付令即发生法律效力,可以强制执行。2.支付令申请书必须是限于要求债务人给付金钱或有价证券。3.债权人申请支付令,支付令必须能够送达债务人。

支付令撤销程序。支付令的撤销程序,仍然是提起、审查、裁定、送达(生效)四个环节。所不同的是在提起和审查阶段,因行为主体不同,在要求上也有所不同。

(一)提起人民法院行使撤销权的,由院长提起撤销程序。这一点《复函》已作了明确的规定。申请人申请撤销的,由申请人提交撤销支付令的书面申请。对此申请,人民法院应当受理,并直接作为撤销依据。

(二)审查由于人民法院发出支付令并不审查实体内容,所以,原则上撤销支付令也只进行程序意义上的审查。即只审查撤销主体和行为主体是否作出了撤销支付令的明确意思表示。但是,由人民法院径行撤销支付令的,其审查有特殊性。即它是将对支付令是否确有错误的审查和能否裁定撤销的审查合一的。其审查主体是审判委员会;由原申请支付令的申请人申请撤销支付令的,仅进行程序意义上的审查,即只审查是否为本人的真实意思表示,是否书面申请。审查主体是审判员。

(三)裁定该裁定书主文是"撤销……号支付令,驳回申请人的支付令申请。"由于法律规定对支付令申请条件的审查由审判员一人进行,而支付令据以撤销的依据仍然是审查申请条件,所以,撤销支付令的裁定书仍应由审判员、书记员署名,加盖人民法院印章。至于是否仍由原在支付令上署名的审判员、书记员署名,不受限制。这也符合最高人民法院关于适用民事诉讼法若干问题的《意见》222条的规定。

(四)送达适用民事诉讼法规定的各种送达方式,不受直接送达、留置送达要求的限制。该裁定书一经送达,即发生法律效力。

支付令的写作要求:

1.首部。(1)标题,应当居中写明"支付令申请书"。(2)当事人的基本情况。应当写明申请人、被申请人的姓名、性别、出生年月日、民族、籍贯、职业或工作单位和职务、住址等。如果申请人、被申请人是法人或者其他组织的,应当写明单位、住所,法定代表人或代表人姓名、职务、电话,如果有委托人的,写明委托代理人的基本情况。委托人是律师的可只写明其姓名、工作单位和职务,不必列写其他项目。

2.正文,正文是文书的核心内容,应当写明请求事项、事实和理由。①请求事项。应当写明请求给付金钱或者有价证券的数量。②事实和理由。概括地讲,债权的发生和存在是事实,债务人不偿还到期债务,便是申请支付令的理由。具体说来,事实与理由部分主要应当从以下几个方面进行叙述:写明债权标的物是金钱还是有价证券,以及数额;债权发生的时间、地点、缘由,以及约定的归还期限;有无债权文书及有争议;说明申请人和被申请人没有其他债务纠纷,申请支付的标的物不存在互相折抵计算的问题。说明债务已到偿还期限,申请人曾向被申请人追索,被申请人应当偿还,且有偿还能力,但是被申请人不予偿还的经过。引用法律条文,作为提出申请的依据。

3.尾部,尾部包括结尾和附项。结尾应当写明致送机关的名称,申请人签名或盖章,注明申请时间。附项应当写明债权文书复印件的份数所附书证或物证的名称、件数。

支付令申请书范文

支付令申请书

申请人：××××股份有限公司

地址：××市××××大路××号

法定代表人：张××　职务：董事长

被申请人：××市××区×××总公司

地址：××市××区×××街2133号

法定代表人：李××　职务：总经理

请求事项：

请求人民法院发出支付令：督促被申请人偿还欠款人民币20653597.31元及利息。

事实和理由：

××××××股份有限公司与××市××区××××总公司自2000年7月至2010年9月30日的经营往来过程中，××市××区×××总公司累计拖欠××××股份有限公司经营借款人民币20,653,597.31元。

基于以上事实，根据《中华人民共和国民事诉讼法》第191条之规定，请求人民法院依法向被申请人发出支付令，督促其立即偿还欠款人民币20,653,597.31元。

此致

××市××区人民法院

申请人：××××××股份有限公司

2010年11月15日

附：双方财务询证函。

十三、公示催告申请书

公示催告是一种民事诉讼的程序，是票据丧失后失票人保全和恢复其票据权利的重要补救措施。票据的持有人学习和掌握公示催告制度的法律规定，有利于在发生票据丧失时能够依法保护自己的合法权益。

公示催告程序，是指人民法院根据申请人的申请，以公示的方法，告知并催促不明确的利害关系人在一定期限内申报权利，到期无人申报权利的，则根据申请人的申请依法作出除权判决的程序。从性质来看，公示催告程序属于非讼程序。适用这一程序并不能解决当事人之间因民事权利义务关系发生的纠纷，而只能确认申请人申请公示催告并在一定期限内无人申报权利这一事实。在公示催告程序中，申请人根本无法知道有无利害关系人，更不知道利害关系人是谁，因此，公示催告案件也就没有明确的被告或者被申请人。一旦明确了利害关系人，公示催告程序就因失去了存在的基础而必须终结，申请人可以向人民法院提起民事诉讼，通过诉讼程序解决纠纷。

公示催告程序的特征。公示催告程序在具体的审理制度上具有明显不同于诉讼程序及其他非讼程序的独特性。主要体现为：1.公示催告程序由公示催告和除权判决两个阶段构成。2.公示催告程序的两个阶段均由申请人申请启动。3.公示催告程序的两个阶段可以由两个不同的审判组织进行审理。4.公示催告程序主要适用书面审查和公告的方式进行审理。

公示催告程序是随着社会的发展，为满足社会经济生活的需要而逐渐发展起来的。这一程序主要具有以下几个方面的功能：(一)维护失票人的合法权益；(二)对利害关系人的合法权益进行救济；(三)确保票据流通的安全。依据申请人的申请，法院以公告的形式，催告利害关系人在一定期间申报权利，否则法院将作出除权判决，使丧失的票据权利消灭，使丧失票据的人恢复票据权利的一种非诉讼性司法程序和票据等有价证券丧失时的救济方法。

公示催告的适用范围：1.可以背书转让的票据被盗、遗失或灭失的事项。中国可以背书转让的票据有支票、汇票、本票三种，另外《公司法》还规定记名股票被盗、遗失或者灭失股东可以申请人民法院公示催告并作出除权判决。2.依照法律规定的其他事项。

申请公示催告程序必须具备以下条件：1. 申请主体必须是按照规定可以背书转让的票据持有人即票据被盗、遗失、灭失前的最后持有人。2.申请的原因必须是可以背书转让的票据被盗、遗失或灭失，且利害关系人处于不明状态，对其他事项申请公示催告必须有法律的明文规定。3.公示催告程序必须由票据支付地的基层人民法院管辖。4.申请方式，须由申请人书面申请写明票面金额，发票人、持票人、背书人等主要内容，申请公示催告的理由和票据丢失的事实。5.公示催告申请人要求撤回申请的须在公示催告前提出，在公示催告期间要求撤回的法院可以径行裁定终结公示催告程序。

人民法院受理公示催告申请后，同时应通知支付人停止支付直至公示催告程序终结。支付人拒不停止支付的，在判决除权后，支付人仍应承担支付义务，在公示催告程序期间，该票据被转让的，转让行为无效。法院决定受理公示催告程序的应当在 3 日内发出公告，催促利害关系人申报权利,公告时间不得少于 60 天。

利害关系人在公示催告期间可以向人民法院提出对该票据享有权利,申报权利的程序:1.利害关系人应当在公示催告程序期间或在申报期间届满,判决作出前向人民法院提出。2.利害关系人在向法院主张权利时应向法院出示票据, 法院即时通知公示催告申请人在指定期间查看该票据,如公示催告的票据与利害关系人出示的票据不一致,应当驳回利害关系人的申请。如利害关系人未在判决前申报权利的,可以在判决公告之日起一年内,向作出判决的人民法院起诉,人民法院按票据纠纷适用普通程序审理确权。

最高人民法院又下发了《关于适用中华人民共和国民事诉讼法若干问题的意见》,在上述的规定中,对票据丧失后的权利保全和公示催告程序作出以下具体要求:

1.可以请求公示催告的票据,应当是进行流通的可以背书的票据。

2.有权请求公示催告的当事人,应当是直接丧失票据的人。而该持票人的前手或该票据的出票人,是不能向人民法院提出申请的。

3.申请人在向人民法院提出公示催告的申请时,应当按照规定在申请书中注明所丧失的票据的票面金额、出票人、持票人、背书人等票据的主要内容和申请的理由、事实以及有关的证明资料。

4.人民法院接到公示催告的申请后,应当立即进行审查,并决定是否受理。人民法院认为申请人提出的申请内容符合规定的,应当通知申请人予以受理,并通知该票据的付款人停止支付。该停止支付应延续到公示催告程序终止时为止。如果认为不属于法律规定的公示催告的内容的,应在 7 日之内作出驳回申请的决定,并通知申请人。

5.人民法院受理公示催告的申请后,应当在 3 日内发出受理申请的公告,并在公告内注明以下事项:公示催告申请人的名称(即票据丧失人的姓名、名称）；丧失的票据的种类、票面金额以及出票人、背书人的名称等；申报权利的期限（即取得该丧失票据的人向人民法院申报权利的期限）；在公示催告期间，转让票据权利的法律后果或利害关系人不申报权利的法律后果等。上述公告应当贴于人民法院的公告栏内，并在有关报纸、公报或其他媒体上刊登。当地开设证券交易所的，还应当帖置于交易所内。

6.有关的利害关系人应当在人民法院确定的期限内，向人民法院申报权利。在申报权利时，应出示其所持有的票据，主张自己对该张票据具有合法的权利。法院应同时通知公示催告的申请人到场查看票据，加以辨认。如果利害关系人出示的票据不是申请人丧失的票据，人民法院应当驳回利害关系人的申报。如果申报权利人所出示的票据与申请公示催告的票据相一致的，人民法院裁定终结公示催告程序。申请人和申报人可以向人民法院起诉，人民法院依照有关规定判定谁是该票据的合法持有人。

7.在人民法院规定的权利申报期限内，如果没有人向人民法院申报权利，或所提出的申报被法院驳回，在申报权利的期限届满的次日起一个月内，公示催告申请人可以向人民法院请求作出除权判决，宣告该丧失的票据失效，失票人即可以依据该判决向付款人请求付款，从而恢复其票据权利。

公司催告的法律依据：法律法规编辑第218条　按照规定可以背书转让的票据持有人，因票据被盗、遗失或者灭失，可以向票据支付地的基层人民法院申请公示催告，依照法律规定可以申请公示催告的其他事项，适用本章规定。申请人应当向人民法院递交申请书，写明票面金额、发票人、持票人、背书人等票据主要内容和申请的理由、事实。

第219条　人民法院决定受理申请，应当同时通知支付人停止支付,并在三日内发出公告,催促利害关系人申报权利。公示催告的期间,由人民法院根据情况决定,但不得少于 60 日。

第 220 条　支付人收到人民法院停止支付的通知,应当停止支付,至公示催告程序终结。公示催告期间,转让票据权利的行为无效。

第 221 条　利害关系人应当在公示催告期间向人民法院申报。人民法院收到利害关系人的申报后,应当裁定终结公示催告程序,并通知申请人和支付人。申请人或者申报人可以向人民法院起诉。

第 222 条　没有人申报的,人民法院应当根据申请人的申请,作出判决,宣告票据无效。判决应当公告,并通知支付人。自判决公告之日起,申请人有权向支付人请求支付。

第 223 条　利害关系人因正当理由不能在判决前向人民法院申报的,自知道或者应当知道判决公告之日起一年内,可以向作出判决的人民法院起诉。

犯罪人利用公示催告程序进行诈骗的通常手法如下:

(1)犯罪人先以合法方式与银行承兑汇票的出票人建立交易关系,并以接受对方签发的汇票为支付方式,以期合法地取得汇票。通常汇票的金额较大,到期日较长,起码超过四五个月。犯罪人一般会按约履行与出票人之间的合同,以免出票人因犯罪人违约提出止付而暴露犯罪意图。

(2)犯罪人取得汇票后,立刻再与其他人进行交易,并以背书转让该汇票为支付方式。犯罪人选择的交易相对人(即票据的被背书人),通常与汇票的付款银行不在一个省份,并且与出票人或付款银行没有业务联系。

(3)等到交易相对人(即票据的被背书人)履行合同后,犯罪人立刻到付款地的法院申请公示催告,声称其汇票遗失、被盗或被抢,要求法院作出除权判决。由于犯罪人是票据关系的当事人，了解票据上的记载事项，并且还能够得到出票人和付款银行的证实。由于法院并不能了解其汇票已经背书转让的事实，因而必须受理其申请，予以立案。

（4）法院通过公告通知利害关系人申报权利，公示催告的期间不少于60日。但是，由于真正的持票人在其他省份，得知法院公告的可能性非常小，因而不能在公示催告期间申报权利。待公示催告期间届满后，法院便作出除权判决，犯罪人便持法院判决向付款银行要求付款。

（5）真正的票据权利人（即持票人）在票据到期后向银行请求付款时，才发现其票据被公示催告过，并且票款已经被冒领。但是，持票人如果声称自己是真正的权利人去追究银行的责任，银行是根据法院判决付款，不应承担责任；如果去找法院，法院是严格按照民事诉讼程序办案，也不应承担责任；如果去找犯罪人，犯罪人早已逃之夭夭。

现行公示催告程序有两个严重的漏洞。其一，由于票据转让是单方法律行为，真正的持票人自己不主张权利，其他的票据关系人，如出票人、付款人、背书人等，并不知道票据的最终持有人是谁。作为法院，只能通过公告的方式通知持票人申报权利。但是，由于汇票到期日较长，可以长达9个月，而民诉法规定公示催告期间是从立案时起不少于60日，法院的一般做法是90日，其结果是，公示催告程序往往在汇票到期日前结束，也就是在持票人得知其汇票被公示催告时，票款已经被领走。由于犯罪人将汇票转让给外省市的被背书人，并且该人再将汇票转让给付款地的其他人的概率极小，所以在此情形下，持票人几乎没有可能通过公告知道手中的汇票正在被公示催告，往往是在请求付款时才知道汇票被公示催告。其二，在公示催告程序终结时，法院所作的除权判决，应当只是宣告票据无效，即票据权利还是那个权利，只是与原先的物质载体即被公示催告的票据本身相分离，申请人可以持法院判决行使票据权利。但是最高人民法院《关于适用〈中华人民共和国民事诉讼法〉若干问题的意见》的通知第 233 条规定:"判决生效后,公示催告申请人有权依据判决向付款人请求付款。"这就又产生三个问题:

(1)由于现行公示催告的期间可能短于汇票到期日,除权判决也完全可能在汇票到期日之前生效,而根据该"意见",申请人有权在判决生效后请求付款,实际上就是申请人可以在汇票到期日之间依判决请求付款。

(2)汇票到期日的长短,是票据权利的重要内容之一。不考虑汇票的具体到期日,规定只要除权判决生效即可请求付款,实际上等于确认该判决可以变更票据权利的内容,这违背除权判决的性质。

(3)在汇票到期日之间请求付款,意味着出票人蒙受了到期日与支付日之间的利息损失,而申请人得到了这一期间的利息利益。持票人即使无诈骗目的,但其丧失票据后,居然可以凭借公示催告程序谋取额外的利息上利益,显然与公示催告程序的目的不符。

在不修改民事诉讼法的前提下,可以采取两个的弥补措施,既不违反现行法的规定,又足以使犯罪人的诈骗活动不能得逞。其一,民事诉讼法规定公示催告的期间不得少于 60 日,但没有规定其上限。在实务中,受理公示催告申请的法院可以作如下掌握:公示催告的期间下限不少于 60 日,但是必须超过票据到期日之后一定期限。由于真正的票据权利人无论是否看到公告,在票据到期时总要提示付款,这样就可以发现其票据被公示催告,就可以到法院申报权利。因此时公示催告期间尚未届满,犯罪人的诈骗意图就不可能得逞。其二,即使法院在票据到期日之前作出除权判决,也必须在判决中明确规定:申请人必须在票据到期日之后,才可以持该判决请求付款。把除权判决生效日与付款请求日相区别,一来符合除权判决不变更原票据权利的性质,二来保证利害关系人能够在票据到期日之前票款尚未被领走之时申报权利，从而彻底消除犯罪人利用公示催告程序诈骗的可能。

公示催告申请书格式

公示催告申请书

申请人：(基本情况)

法定代表人：

请求事项：

申请公示催告，宣告××无效，申请人有权向支付人请求支付。

事实和理由：

××年××月××日，申请人×××(写明事情起因、经过)

根据《中华人民共和国民事诉讼法》第218条的规定，应向支付人所在地的人民法院申请公示催告。支付人所在地属你院管辖，现向你院提出上述请求，请依法判决。

此致

票据支付地基层人民法院

申请人：(姓名)

年 月 日

公示催告申请书范文

公示催告申请书

申请人：××××股份有限公司

法定代表人:王××　职务:董事长

地址:××省××市×××大路421号

请求事项:

申请公示催告,宣告由××银行××市××支行签发的,汇票号为××号汇票因遗失无效,停止支付,申请人有权向支付人××银行唐山市丰南支行请求支付。

事实与理由:

2008年5月29日,我单位员工在出差途中将由××银行××市××支行签发的,汇票号为××号汇票一张遗失。

汇票金额:人民币壹万元整(10,000.00)。

出票日期:2006年5月30日

出票人:××(集团)有限公司

收款人:××市××区××有限公司

付款行(签发人):××银行××市××支行

汇票到期日:2006年11月30日

背书人:A有限公司、B有限公司、C有限公司、D销售分公司、C有限公司、E有限公司、F炼铁厂、G股份有限公司。

依据《中华人民共和国民事诉讼法》第193条的规定,应向支付人所在地人民法院申请公示催告。支付人所在地属于贵院管辖,现特向贵院提出上述请求,请依法进行公示催告及判决。

此致

××市××区人民法院

申请人:××燃气股份有限公司

2008年6月10日

十四、再审申诉书

当事人申请再审，是指当事人及其法定代理人对已经发生法律效力的判决、裁定、调解书，认为确有错误，向人民法院提出变更或撤销原判决、裁定书和调解书的请求，并提请人民法院对案件重新审理的诉讼制度。申请再审是我国法律赋予当事人及其法定代理人的一项诉讼权利，是当事人依法享有诉权的具体体现。当事人申请再审，是我国再审制度的重要组成部分，是社会主义民主和法制进一步健全和完善的体现。它对于纠正生效裁判的错误，保证案件的审判质量，维护法律的严肃性及当事人的合法权益都有具有重要的意义。

1.当事人申请再审的法律依据

《中华人民共和国民事诉讼法》（以下简称民事诉讼法）第178条至第184条，《最高人民法院关于适用〈中华人民共和国民事诉讼法〉若干问题的意见》（以下简称《意见》）第201条至第213条及最高法院的相关司法解释等是当事人申请再审的法律依据。

《民事诉讼法》第178条规定：当事人对已经发生法律效力的判决、裁定，认为有错误的，可以向原审人民法院或者上一级人民法院申请再审，但不停止判决、裁定的执行。

《意见》第208条规定：对于不予受理的、驳回起诉的裁定，当事人可以申请再审。

《意见》第203条规定：无民事行为能力人、限制民事行为能力的法定代理人，可以代理当事人提出再审申请。

《民事诉讼法》第 179 条规定,当事人的申请,符合下列情形之一的,人民法院应当再审:1.有新的证据足以推翻原判决、裁定的;2.原判决、裁定认定事实的主要证据不足的;3.原判决、裁定适用法律确有错误的;4.人民法院违反法定程序,可能影响案件正确判决、裁定的;5.审判人员在审理该案件时有贪污、受贿、徇私舞弊,枉法裁判行为的。人民法院对不符合前款规定的申请,予以驳回。

所谓新的证据,应当理解为在原审中没有提出的证据。包括三种情况:(1)当事人在原审程序中没有发现该证据,因而不可能提出证据;(2)当事人知道存在该证据,但因无法收集而没有提出,或当事人虽然向人民法院提出证据线索,但法院没有收集该证据或没有收集到该证据;(3)当事人持有该证据,但因各种原因而没有提出。

对于前两种情况,经法庭审查足以推翻原判决、裁定的,法院应当提起再审。而第三种情况,根据最高院《关于民事诉讼证据的若干规定》第 34 条的规定,即当事人应当在举证期限内向人民法院提交证据材料,当事人在举证期限内不提交的,视为放弃举证权利。对于当事人逾期提交的证据材料,人民法院审理时不组织质证。但对方当事人同意质证的除外。在法院指定的期间或期限内没有提出的证据,不得在以后提出,即便提出来了法院也不会采纳作为裁判的依据。这就是所谓的证据失权制度。由于证据规则的合法化,这使得民事诉讼法所规定的这一再审事由就不够准确。因为从实体正义的角度,新的证据足以推翻原判决、裁定的,应该作为再审的事由,但从程序正义的角度,最高法院已经发布证据规则,即使该证据是真实的,也因为没有证据效力,而不再具有法律上的意义。如果不对何谓"新的证据"加以界定,就可能与证据失权制度相冲突。最高院《关于民事诉讼证据的若干规定》第 44 条规定：《民事诉讼法》第 179 条第一款第(一)项规定的"新的证据"，是指原审庭审结束后新发现的证据。当事人在再审程序中提供新的证据的,应当在申请再审时提出。这一规定对再审事由"新的证据"作了非常清楚的解释。当事人以新的证据申请再审的,其新的证据只能在申请再审时提出。

所谓原判决、裁定适用法律确有错误的。它大体上有以下几种情形：(1)应当适用此法,却适用了彼法；(2)应当适用此法的此款,却适用了彼法的彼款或此法的彼款；(3)应当适用新法,却适用了旧法；(4)应当适用旧法,却适用了新法；(5)应当适用的法律,却没有适用；(6)适用了已经废除或尚未生效的法律；(7) 断章取义地适用该条法律规定等等。

《民事诉讼法》第 180 条规定：当事人对已经发生法律效力的调解书,提出证据证明调解违反自愿原则或者调解协议的内容违反法律的,可以申请再审。经人民法院审查属实的,应当再审。

2.在法定期限内申请再审

《民事诉讼法》第 182 条规定：当事人申请再审,应当在判决、裁定发生法律效力后二年内提出。

《意见》第 204 条规定：当事人对已经发生法律效力的调解书申请再审的,适用《民事诉讼法》第 182 条的规定,应在调解书发生法律效力后 2 年内提出。

《意见》第 212 条规定：《民事诉讼法》第 182 条中的 2 年为不变期间,自判决、裁定发生法律效力次日起计算。

3.不得申请再审的情形

《民事诉讼法》第 181 条规定：当事人对已经发生法律效力的解除婚姻关系的判决不得申请再审。

《意见》第 207 条:按照督促程序、公示催告程序、企业法人破产程序审理的案件以及依照审判监督程序审理后维持原判的案件,当事人不得申请再审。

4.当事人申请再审的程序

当事人向原审人民法院申请再审,应向人民法院立案庭提交申请书和生效法律文书,经人民法院院长和审判委员会讨论决定是否再审,在此期间,不停止判决、裁定的执行。

《民事诉讼法》第 183 条规定:按照审判监督程序决定再审的案件,裁定中止原判决的执行。裁定由院长署名,加盖人民法院印章。

《民事诉讼法》第 184 条第 2 款规定:人民法院审理再审案件,应当另行组成合议庭。

《意见》第 206 条规定:人民法院接到当事人的再审申请以后,应当进行审查。认为符合《民事诉讼法》第 179 条规定的,应当在立案后裁定中止原判决的执行,并及时通知双方当事人;认为不符合第 179 条规定的,用通知书驳回申请。

《意见》第 201 条规定:按审判监督程序决定再审或提审的案件,由再审或提审的人民法院在作出新的判决、裁定中确定是否撤消、改变或维持原判决、裁定;达成调解协议的,调解书送达后,原判决、裁定即视为撤消。

《意见》第 209 条规定:当事人就离婚案件中的财产分割问题申请再审的,如涉及判决中已分割的财产,人民法院应依照《民事诉讼法》第 179 条的规定进行审查,符合再审条件的,应立案审理;如涉及到判决未作处埋的夫妻共同财产,应告知当事人另行起诉。

《意见》第 211 条规定:依照审判监督程序再审的案件,人民法院发现原第一二审判决遗漏了应当参加的当事人的,可以根据当事人自愿的原则予以调解,调解不成的,裁定撤消第一二审判决,发回原审人民法院重审。

《意见》第 205 条规定:当事人可以向原审人民法院申请再审,也可以向上一级人民法院申请再审。向上一级人民法院申请再审的,上级人民法院经审查认为符合《民事诉讼法》第 179 条规定条件的,可以指令下级人民法院再审,也可以提审。

5.申请再审的期限

《意见》第 213 条规定:再审案件按照第一审程序或者第二审程序审理的,适用《民事诉讼法》第 135 条、第 159 条规定的审限。审限自决定再审的次日起计算。

民事再审申请书格式

再审申请书

申请再审人(姓名)(一审××、二审××按原裁判文书上的身份填写)

性别:　　　年　月　日出生　　民族:(按身份证上的写)

职业及职务:

住址:(请准确具体填写,可以帮助法院及时准确送达文书)

法定代理人(或委托代理人):

联系电话:

被申请人(姓名)(一审××、二审××按原裁判文书上的身份填写)

性别:　　　年　月　日出生　　民族:(按身份证上的写)

职业及职务:

住址:(请准确具体填写,可以帮助法院及时准确送达文书)

请求事项:

申请再审人×××因与被申请人×××(案由)纠纷一案,不服人民法院(××××)字第号民事判决(终审判决),申请再审。本案符合《中华人民共和国民事诉讼法》第179条第×款第(×)项"写上该法律条款内容";第(×)项""等法定事由,特向贵院申请再审。再审请求事项:

1.

2.

事实和理由:

此致

　×× 人民法院

申请再审人:

年　月　日

民事再审申请书范文

民事再审申请书

申请人:曾××,男,生于××年××月××日,个体工商户,住××区××路××号

申请人因人身损害赔偿纠纷一案,对××市第二中级人民法院于××年××月××日作出的××中法民终字第××号民事判决书不服,提出再审申请。

请求事项

1.请求依法再审,纠正原判不当。

2.请求依法撤销××中法民终字第××号民事判决

事实及理由

二审判决置一审所查明的事实不顾，错误认定事实二审判决在对一审判决所查实的事实依法予以确认的基础上，在审理认为又作出"曾××按照惯例雇请驾驶员陈××"错误认定，该判决在随后的认为中"至于曾××与驾驶员陈××之间的运输合同关系事案不作调整"，申请人认为二审判决认定事实上前后矛盾。对此，申请人不服这一认定。因为申请人与陈××根本不是雇请关系，只能是"运输合同关系"。

一二审法院在事实上认定运输合同已经终结错误，因为交付是在货主库房清点后，方才履行完毕。虽说卸货属于货主的义务，但卸货时陈××的作为承运人仍然有安全保障的义务。

就一审、二审已经查明认定的事实是"由于车厢板无法打开，被告陈××使用一木棒到车上去撬车厢板，贺××与卢××等人用手将车厢板撑住，防止车厢板突然打开与车身撞击受损"这一行为，一是属于陈××本人应尽义务;二是为了陈××的财产利益。

陈××直接致人损害的行为，应当承担侵权责任。况且原告已经将陈××以侵权之诉为被告起诉，二审法院在人民法院未尽释明义务，应当告知原告作出选择，在未告之原告的情况下，对侵权之诉，不予调整是错误。

综上所述，二审错误认定事实，导致适用法律错误，为此申请撤销二审判决，依法改判。

此致

××市××中级人民法院

申请人:曾××

××年××月××日

第二章 婚姻家庭类法律文书

十五、婚前财产协议书

婚前财产协议的概念并未出现在具体的法律条文之中，关于婚前财产协议概念的理解在司法实践中形成的。婚前财产协议，是指男女双方在结婚登记之前就双方各自婚前、婚后所得的财产的归属所作的约定。约定的内容可以是婚前财产及婚后各自所得归各自所有，可以约定为共同所有。

1.婚前财产协议的法律依据。《婚姻法》第19条："夫妻可以约定婚姻关系存续期间所得的财产以及婚前财产归各自所有、共同所有或部分各自所有、部分共同所有。约定应当采用书面形式。没有约定或约定不明确的，适用本法第17条、第18条的规定。"

《婚姻法》第17条规定："夫妻在婚姻关系存续期间所得的下列财产，归夫妻共同所有：(一)工资、资金；(二)生产、经营的收益；(三)知识产权的收益；(四)继承或赠与所得的财产，但本法第18条第三项规定的除外；(五)其他应当归共同所有的财产。夫妻对共同所有的财产，有平等的处理权。"

《婚姻法》第18条规定:"有下列情形之一的,为夫妻一方的财产:(一)一方婚前的财产;(二)一方因身体受伤害获得的医疗费、残疾人生活补助费等费用;(三)遗嘱或赠与合同中确定只归夫或妻一方的财产;

(四)一方专用的生活用品;(五)其他应当归一方的财产。"

由此可见,我国《婚姻法》原则上规定夫妻各方婚前的财产归各自所有,但同时又允许夫妻双方书面约定婚前个人财产归夫妻双方共有。

2.婚前财产协议的意义。过去人们生活水平普遍较低,即使拥有一些个人财产数量也不多,再加上传统观念的束缚,故而较少有人达成婚前财产协议。随着中国经济的不断发展,人们拥有的婚前财产越来越多,同时整个社会的观念也更加理性,达成婚前财产协议就成为了新趋势。

婚姻本来就应该是以爱情为基础,达成婚前财产协议不仅不会淡化这一点,反而由于对婚前财产的归属有了明确的约定从某种程度上是强化了婚姻的爱情基础。另外,由于现代社会的离婚率越来越高,而离婚时双方争议最大的一个问题就是财产问题,与其到时双方为财产的所有权争执不休,不如未雨绸缪事先做出约定,这样一旦婚姻不幸走到了尽头,双方可以免去很多不必要的纷争。为此,签订婚前财产协议就自然而然具有了以下意义:

第一,明确男女双方婚前财产的范围,避免将来不必要的财产纠纷;

第二,确定双方婚后财产的使用方法,是采用共有财产制还是区别财产制;

第三,为将来的婚姻风险提供证据支持。

3.婚前财产协议的公证。很多人认为,婚前财产协议需要公证,如果不公证协议就不能成立或不生效,其实这个观点是错误的。我国的任何一部法律都没有规定婚前财产协议要以"公证"作为生效的前提条件。也就是说只要当事人的意思表示一致,协议的内容并未违反法律规定,那么,只要双方就婚前财产的归属基于自愿的原则达成了书面协议,该书面协议无论是否作了公证,均具有法律效力。只是,经过公证的婚前财产协议在证明力上更高一些。

4.如何订立婚前财产协议。首先,双方必须出于自愿订立财产协议,不能隐瞒、欺诈、胁迫,也不能乘人之危。基于不真实的意思表示所订立的协议是无效的。其次,协议的对象必须是夫妻财产(包括婚前财产和婚后财产),不属于夫妻所有的财产不能成为协议的客体;再次,协议的内容必须合法,既不能规避法律,也不能违反公序良俗。为了使财产协议有效且不遗漏关键条款,建议最好请律师或其他专业人士来起草或者审核财产协议,以避免因起草时不慎而给将来造成巨大损失,达不到签订婚前财产协议的目的。

5.婚前财产协议的注意事项。随着现在经济水平的提供,签订婚前财产协议已经变成一种趋势,签订婚前财产协议应注意以下事项:

第一,形式上必须是书面的。

第二,明确婚前财产的范围。

一般包括男女双方婚前的存款,房产,车子,其他贵重物品等。婚前财产协议的约定不能过细,建议仅对重要财产作出约定即可。

第三,明确婚前财产婚后共享的比例。

在婚后可以与爱人共享的财产内容,以及共享的比例应该清楚。若只是表述为"婚前某项财产婚后共有",法律上的理解应是每人一半。

第四,财产描述要明确。

在实践中,由于财产描述不明确最终导致认为协议约定不明而不予确认的案例不在少数。比如房产的描述,很多伴侣在作婚前财产协议时,对于一方的婚前房产只是写"某某小区的房屋归双方共同所有",正确的描述应该是"坐落于某市(县)××街××号房产由双方共有"。

第五,设定清楚婚前财产生效的条件、时间。

协议的生效若未作特别约定的话,一般是结婚登记后生效。很多情况下,当事人为了增加婚前财产协议的公示力会增加经公证机关公证或律师见证后生效的限制。

第六,男女双方必须签字并且注明时间。

第七,婚前财产协议可以在结婚前签订也可以在结婚后签订。

6.婚前财产协议的有关误区

误区一:婚前财产协议必须是书面形式,如果是口头协议则无效。

解释:口头协议在下面两种情况也应成立

(1)夫妻双方对口头协议的效力均无异议。

(2)能证明双方有口头形式的协议且一直履行。

误区二:如果不签婚前财产协议,则一方婚前财产会变成夫妻共同财产。

解释:根据我国婚姻法的规定,一方婚前的财产为其个人财产,不会因婚姻关系的继续转化为夫妻共同财产。在这种情况下,之所以还要签订婚前财产协议,主要是要明确哪些财产是夫妻双方的婚前财产,以免将来发生争议。

误区三:财产协议只能在婚前签订,婚后再签就没有用了。

解释:结婚后可签署婚内协议,同样具有法律效力。

误区四:婚前财产协议必须公证,否则没有效力

解释:只要婚前财产协议不违反法律禁止性规定,即使不经公证也具有法律效力。当然,对婚前财产协议做公证更为保险,尤其是在一方丢失协议的情况下,公证机关保留的协议将具有重要的证据作用。

婚前财产协议书的格式

甲方(男方)：　　　　　身份证号码：

住址：

乙方(女方)：　　　　　身份证号码：

住址：

鉴于甲乙双方自愿结婚，并希望以协议的形式就双方婚前和婚姻关系存续期间所得财产的所有权等事项进行约定,现依据《中华人民共和国婚姻法》等法律法规,双方经平等协商,自愿达成如下一致意见：

第一条　婚前财产的约定

1.甲方名下财产：

(1)房产：

(2)存款：

(3)股票、投资基金等有价证券：

(4)债券：

(5)其他财产：

2.乙方名下财产：

(1)房产：

(2)机动车：

(3)存款：

(4)其他财产：

3.(1)双方对上述各自名下的财产所有权的约定：

甲方乙方各自名下的上述财产均是婚前财产，该财产的所有权分别归甲方乙方个人所有。

(2)双方对上述各自名下财产所产生的投资收益的约定：

甲方乙方各自名下的上述婚前财产的收益分别归甲方乙方个人所有。

（3）其他约定：

第二条　婚后所得财产的约定

1.甲方乙方各自名下的上述婚前财产,在婚后所取得的一切收益均为夫妻共同财产。

2.甲方乙方在婚姻关系存续期间所得的工资、奖金、知识产权的收益等财产,归夫妻共同所有。

第三条　债务

1.甲方乙方婚前均没有个人债务,若婚后发现任何一方在婚前有未列明的个人负债的, 由负债一方个人承担偿债义务并承担因此产生的法律责任。

2. 甲乙双方婚后为满足夫妻共同生活所负的债务为夫妻共同负债,由双方共同负担。

3.双方婚后借债应事先协商一致,任何未经双方协商并书面同意的用于非日常生活所需的债务,均为举债方一方债务,由其个人承担偿债责任。

4.一方单独举债,事后由夫妻另一方追认的,应视为夫妻共同债务。

5.其他约定：

第四条　夫妻财产的管理和处分

1.归属夫妻共同财产的管理和处分。

（1）因日常生活需要而管理或处理夫妻共同财产的,任何一方均有权决定。

（2）夫或妻非因日常生活需要对夫妻共同财产做重要处理决定,夫妻双方应当平等协商,取得一致意见。

2.归属一方的个人财产由财产归属一方进行管理和处分。

3.任何一方不得隐藏和转移婚后夫妻共同财产,如有隐藏和转移行为的,另一方发现后有权取得对方所隐藏或转移的财产的全部份额。

4.关于夫妻财产管理和处分的其他约定。

第五条 日常开支

1.家庭的日常必需开支(粮油、水电、煤气、固定电话等支出)承担。

2.重要开支约定:

3.关于日常开支的其他约定:

第六条 甲乙双方的权利义务

1.应当互相尊重、互相忠实。

2.双方不得对对方实施家庭暴力,不得虐待和遗弃对方及其他家庭成员。

3.双方有互相扶养的义务。

4.一方对己方的父母尽赡养义务,对方应当与给支持。

5.其他约定:

第七条 本协议自双方签字之日成立,自双方办理完毕结婚登记手续后生效。协议一式两份,甲乙双方各执一份,具有同等法律效力。

　　　　　　甲　方:(签章)　　　　　　　　乙　方:(签章)

签署日期:　年　月　日　　　　　　　　　年　月　日

婚前财产协议书范文

甲方:王某,男,××××年××月××日生,住××市××区××路　身份证号码:×××

乙方:李小姐,女,××××年××月××日生,住××市××

区××路　身份证号码:×××

鉴于:

1.甲、乙双方于××××年××月××日在×××区民政局登记结婚,甲、乙双方为合法夫妻。

2.我国《婚姻法》第19条的之规定,夫妻可以约定婚姻关系存续期间所得的财产以及婚前财产归各自所有、共同所有或部分各自所有、部分共同所有。

3.甲、乙双方约定夫妻财产权属的真实意思表示。

甲、乙双方为明确财产权属,避免财产争议。现经过友好协商,就婚前、婚后的财产权属达成如下一致条款,以资共同遵守:

第一条　登记在王某、李小姐方名下,位于××市×××区××路××弄××号〔××房地××字(××××)第×号〕归乙方所有(含室内物品);

第二条　王某名下股东账户内的股票(市值约人民币××万元)归甲方所有。

第三条　李小姐名下××××银行账户内的存款人民××万元归甲方所有(账号:)。

第四条　李小姐父母赠与李小姐的奥迪牌轿车及牌照归乙方所有(车型:×××;牌照:××)。

第五条　李小姐名下的基金(市值约人民币××万元)归乙方所有。

第六条　李小姐名下工商银行定投归乙方所有(约人民币××元)。

第七条　甲、乙双方的金银首饰及个人物品归各自所有。

第八条　乙方一次性支付甲方人民币××万元。

第九条　本协议签订后,甲、乙双方各自的收入归各自所有(包括但不限于工资薪金收入、投资收益、获得赠与等财产性收入)。甲、乙双方的各种支出由各自承担。

第十条 王某名下的其他财产(若有)归甲方所有,李小姐名下的其他财产(若有)归乙方所有。

第十一条 王某名下的债务(如有)由甲方承担,李小姐名下的债务(如有)由乙方承担。

第十二条 甲方在本协议签订后 30 日内,配合乙方到房产交易中心办理过户登记,乙方收到新的房产证 5 日内将本协议第 3 条、第 5 条约定的款项汇给甲方。

第十三条 本协议经甲、乙双方签字后生效,即对甲、乙双方具有法律约束力;权属变更登记完成与否均不影响协议的效力,甲、乙双方应严格遵照执行。

第十四条 凡因签订和履行本协议或与本协议有关的一切争议,甲、乙双方均应友好协商,协商不成的,可依法向人民法院提起诉讼。

第十五条 本协议一式两份,均为清洁打印文本;经甲、乙双方签字后各自留存一份。

甲方:王××   乙方:李××

日期:××年××月××日   日期××年××月××日

十六、离婚协议书

离婚协议书是指即将解除婚姻关系的夫妻双方所签署的关于财产分割、子女监护与探视、配偶赡养费以及子女扶养费等的书面协议。离婚协议书必须为书面形式,由夫妻双方当事人签字,并经法庭或婚姻登记管理部门认可,才具有法定效力。根据最新婚姻登记条例规定,办理离婚手续时必须出具双方当事人共同签署的离婚协议书。离婚协议书应载明双方当事人自愿离婚的意思表示以及对子女扶养、财产及债务处理等事项协商一致的意见。

1.民政局对离婚协议书的要求

在书写符合民政局对离婚协议书时,要注意以下几项内容:

首先,民政局对离婚协议书在内容上的规范:

(1)明确表示双方自愿离婚;

(2)协议内容为双方自愿达成;

(3)有对子女扶养、财产和债务的一致处理意见。

其次,民政局对离婚协议书的形式要求:

(1)使用 A4 纸张、蓝黑墨水笔或者黑色签字笔书写或打印;

(2)提交一式三份离婚协议书并在婚姻登记员面前签名;

(3)协议内容应当清晰可辨,不得涂改。

再次,民政局对离婚协议书的合法有效的规定:

(1)协议约定内容不得违法国家法律法规;

(2)协议约定内容不得侵犯第三人合法权益;

(3)协议约定内容不得剥夺或者限制一方合法权利。

最后,民政局对离婚协议书的存档要求:

双方当事人要准备三份离婚协议书,一份交给离婚协议书婚姻登记机关当地民政局存档一份,双方当事人各持一份。

办理离婚登记的当事人有下列情形之一的,婚姻登记机关不予受理:

①未达成离婚协议的;

②属于无民事行为能力人或者限制民事行为能力人的;

③其结婚登记不是在中国内地办理的。

婚姻登记机关应当对离婚登记当事人出具的证件、证明材料进行审查并询问相关情况。对当事人确属自愿离婚,并已对子女扶养、财产、债务等问题达成一致处理意见的,应当当场予以登记,发给离婚证。

2.在民政部门进行离婚的程序

通过行政程序进行的协议离婚由民政部门主管。具体的婚姻登记管理机关在城市是街道办事处或者市辖区、不设区的市政府的民政部门;在农村是乡、民族乡、镇的人民政府。协议离婚在具体程序中必须经过申请、审查、登记三个环节。

首先,申请。内地居民自愿离婚的,男女双方应当共同到一方当事人常住户口所在地的婚姻登记机关办理离婚登记。中国公民同外国人在中国内地自愿离婚的,内地居民同香港居民、澳门居民、台湾居民、华侨在中国内地自愿离婚的,男女双方应当共同到内地居民常住户口所在地的婚姻登记机关办理离婚登记。办理离婚登记的内地居民应当出具下列证件和证明材料:本人的户口簿、身份证;本人的结婚证;双方当事人共同签署的离婚协议书。办理离婚登记的香港居民、澳门居民、台湾居民、华侨、外国人除应当出具上述证件、证明材料外,香港居民、澳门居民、台湾居民还应当出具本人的有效通行证、身份证,华侨、外国人还应当出具本人的有效护照或者其他有效国际旅行证件。其中离婚协议书应当载明双方当事人自愿离婚的意思表示以及对子女扶养、财产及债务处理等事项协商一致的意见。

其次,审查。婚姻登记机关应当对离婚登记当事人出具的证件、证明材料进行审查并询问相关情况。对当事人确属自愿离婚,并已对子女扶养、财产、债务等问题达成一致处理意见的,应当当场予以登记,发给离婚证。在审查过程中,必须全面了解协议的内容,尤其是注意双方当事人请求离婚的意思表示是否真实、子女扶养、夫妻一方的生活困难帮助、分割财产及债务处理等事项是否合适。

最后，登记。婚姻登记管理机关审查后，对于符合离婚条件的，应予登记，发给离婚证，注销结婚证；在办理离婚登记时，如果当事人未达成离婚协议、属于无民事行为能力人或限制民事行为能力人或者其结婚登记不是在中国内地的，婚姻登记机关不予受理。对于不符合法定条件而不予登记的，应当以书面形式说明不予登记的理由。当事人从领取离婚证起，解除夫妻关系。离婚的当事人一方不按照离婚协议履行应尽义务的，另一方可以向人民法院提起民事诉讼。

3.离婚中财产纠纷的反悔

《最高人民法院关于使用〈中华人民共和国婚姻法〉若干问题的解释（二）》第8条规定，离婚协议中关于财产分割的条款或者当事人因离婚就财产分割达成的协议，对男女双方具有法律约束力，当事人因履行上述财产分割协议发生纠纷提起诉讼的，人民法院应当受理。

第9条 男女双方协议离婚后一年就财产分割问题反悔，请求变更或者撤销财产分割协议的，人民法院应当受理。人民法院审理后，未发现订立财产分割协议时存在欺诈、胁迫等情形的，应当依法驳回当事人的诉讼请求。

据此，如果是通过协议离婚，且已办完了离婚手续，当事人任何一方不能反悔。但是，如果任何一方在一年内因履行协议发生争议而诉至法院的，法院应予受理，但经审理查明订立协议过程中不存在欺诈、胁迫等情形的，法院应当驳回原告诉讼请求；如果一年后才诉至法院，法院不予受理。

4.离婚相关的法律规定

《中华人民共和国婚姻法》第31条 男女双方自愿离婚的，准予离婚。双方必须到婚姻登记机关申请离婚。婚姻登记机关查明双方确实是自愿并对子女和财产问题已有适当处理时,发给离婚证。

第 33 条 现役军人的配偶要求离婚,须得军人同意,但军人一方有重大过错的除外。

第 34 条 女方在怀孕期间、分娩后一年内或中止妊娠后六个月内,男方不得提出离婚。女方提出离婚的,或人民法院认为确有必要受理男方离婚请求的,不在此限。

第 39 条 离婚时,夫妻的共同财产由双方协议处理;协议不成时,由人民法院根据财产的具体情况,照顾子女和女方权益的原则判决。

夫或妻在家庭土地承包经营中享有的权益等,应当依法予以保护。

第 40 条 夫妻书面约定婚姻关系存续期间所得的财产归各自所有,一方因抚育子女、照料老人、协助另一方工作等付出较多义务的,离婚时有权向另一方请求补偿,另一方应当予以补偿。

第 41 条 离婚时,原为夫妻共同生活所负的债务,应当共同偿还。共同财产不足清偿的,或财产归各自所有的,由双方协议清偿;协议不成时,由人民法院判决。

第 42 条 离婚时,如一方生活困难,另一方应从其住房等个人财产中给予适当帮助。具体办法由双方协议;协议不成时,由人民法院判决。

在国外,离婚证的效力高于法院离婚判决书和离婚调解书。例如中国公民(离婚者)要与外国人在国外登记结婚,只要持离婚证,外国婚姻登记机关就给予登记。如果持法院判决书、调解书就得办理离婚公证后才能认可。国际上多数国家一般不承认离婚调解书的效力。

5.签订离婚协议的注意事项

办理离婚登记后,备案于民政局的离婚协议是生效的,反悔是非常难的,因此,协议内容要有操作性,不要过于简单,条款的约定不能过于宽泛。另外,还要防止签订离婚协议时一方隐匿财产,因此,不能做类似"男女双方名下的其它财产归各自所有"或"男女双方无其他财产争议"的约定,以避免离婚后丧失起诉分割对方隐匿的其他财产的机会。下面从几个具体方面来探讨如何签订离婚协议:

(1)离婚协议内容过于简单,不具有可操作性。比如,协议约定:"双方同意离婚;女儿归男方扶养;财产已分割完毕,双方对此无异议。"子女扶养问题争议不大,即使有争议,也可以很容易通过法院解决。但财产问题却漏洞较大,"财产已分割完毕"意味着双方对财产的数额、分割的方案、分配的数目均已协议一致,并处置完结。但是,有哪些财产、如何进行分割协议当中却没有体现。这样,由于争议较大,难以协商,因此,一般解决的方法只能诉诸法院。

(2)离婚协议某些概括性条款的约定过于宽泛,可能会伤害弱势方。比如,协议约定:"男女双方名下的其他财产归各自所有"或"男女双方无其他财产争议"等。但离婚后,一方发现另一方隐匿了房产或存款,但根据这一条款,就极有可能失去了索要胜诉的机会,因此,该条款风险性较大。

(3)贷款房屋的约定和处理。一般而言,只要夫妻双方就房产分割达成离婚协议而变更主贷人,银行一般会同意,并配合办理贷款合同变更手续。但是,有些夫妻贷款周期较长,比如30年还贷期间,并且每个月还款额较高,比如四千元以上,而变更后的还贷人月工资收入不足贷款金额的二倍,银行一般不会同意变更主贷人或减少共同抵押人,除非当事人另行提供担保人,或采取其他保险措施。因此,夫妻在协议分割房产前要注意银行变更主贷人或减少共同抵押人是否同意。

另外,在办理银行贷款变更手续中,银行一般会严格要求当事人双方到场,一方到场银行会拒绝办理变更手续。如果一方当事人不到场,可以委托代理人(包括律师)委托办理变更手续,相关委托书必须办理公证。

如果不涉及银行贷款,当事人到房地产交易中心办理产权变更手续,房地产交易中心一般也要求夫妻双方均到场。因此,离婚协议的签订固然重要,但离婚协议的执行更为重要。离婚后的双方当事人应当以诚信为本,相互配合。因此,离婚协议中应该明确一方没有履行义务的惩罚措施,这样,才能促使义务人履行义务。比如,逾期不支付房屋对价的惩罚办法、不配合办理产权变更手续的法律后果等。

最后提醒一点,根据国家税务总局关于离婚后房屋权属变化是否征收契税的批复的规定,夫妻共有房屋属共同共有财产。因夫妻财产分割而将原共有房屋产权归属一方,是房产共有权的变动而不是现行契税政策规定征税的房屋产权转移行为。因此,对离婚后原共有房屋产权的归属人不征收契税。因此,如果因为夫妻离婚房屋产权人变更,是不用交契税的。这样,就可以避免房价1.5%–3%的契税。

(4)银行存款的约定和处理。夫妻共同生活中,一般银行存款主要存在一方名下,而另一方,特别是有些不太在意而整日忙于事业的男士,往往还不知道家里的积蓄被存于哪个银行,甚至家里有多少存款都不知道。为了使财产分割透明化,以及防止财产的漏分,在离婚协议中明确共同存款的数额,以及现存于谁的名下、存于哪一个银行也是非常有必要的。如果给付义务方在离婚后不履行义务,另一方也好及时到法院起诉,根据离婚协议记载的存款信息及时查到存款的支取情况及钱款的去向。

(5)股票的约定和处理。离婚协议中,当事人一般只会笼统地约定一方名下股票的总市值,这样,如果一方不履行给付义务,而另一方再起诉到法院,由于不知对方的具体股市信息,查询起来就会比较麻烦和困难。因此,在离婚协议时,如果写明股东代码、账号,以及在何证券交易所开户,将会省去不必要的麻烦。

(6) 公司股权的约定和处理。越来越多的婚姻纠纷涉及到公司股权的分割。如果遇到夫妻一方或双方在公司拥有股份时,通常的做法是,夫妻共同约定一方持股,给予另一方对价补偿。如果这样约定,只需双方协议并书面明确价款及支付方式即可。但是,如果夫妻双方经过约定,决定将一方拥有的公司股权部分或全部给付另一方的,还必须符合《公司法》的相关规定。最高人民法院关于适用《婚姻法》若干问题的解释(二)规定,审理离婚案件中,涉及分割夫妻共同财产中以一方名义在有限责任公司的出资额,另一方不是该公司股东的,按以下情形分别处理:

①夫妻双方协商一致将出资额部分或者全部转让给该股东的配偶,过半数股东同意、其他股东明确表示放弃优先购买权的,该股东的配偶可以成为该公司股东。

②夫妻双方就出资额转让份额和转让价格等事项协商一致后,过半数股东不同意转让,但愿意以同等价格购买该出资额的,人民法院可以对转让出资所得财产进行分割。过半数股东不同意转让,也不愿意以同等价格购买该出资额的,视为其同意转让,该股东的配偶可以成为该公司股东。

(7)给付金钱义务约定和处理。一般在离婚协议中,夫妻双方仅对给付另一方的数额和给付期限做了约定,比如,男方在办理完离婚手续后的一个月内向女方支付人民币10万元。可是,这样约定对于故意迟延履行一方没有惩罚措施,因此,建议再加上一句:"若不按期支付,延期给付部分按同期银行贷款利率的双倍计算罚息",这样,若给付义务人不按期履行,自己就会感到罚息的压力,从而可以达到惩戒的目的。

(8)孩子扶养费的约定和处理。一般可以约定扶养费给付到孩子十八岁，或独立生活为止。根据最高院的司法解释（一）到孩子完成高中教育阶段时，父母就没有义务再对孩子进行扶养费的支付，但从现实情况看，上大学的阶段甚至大学毕业后尚不能完全独立生活阶段，父母资助的情况相当普遍。我们认为，在父母对扶养期限没有约定的情况下，父母扶养期限适用法定的高中教育阶段完毕后；在父母对扶养期限有明确约定的情况下，适用父母的约定。比如，父母约定支付扶养费至孩子大学毕业止，若一方在孩子上大学后拒不履行，孩子有权向其主张扶养费用。

实践中很多当事人特别是女方希望一次性支付孩子的扶养费用，根据有关司法解释和司法实践来看，当事人的这种要求往往得不到法院的支持。法院判决或调解一次性支付孩子的扶养费的情况往往具备以下几个条件：一方要求一次性支付；另一方同意一次性支付；另一方完全有一次性支付的能力；不损害他人权益。也就是说，如果另一方不同意一次性给付孩子的扶养费，法院很难支持一方一次性支付扶养费的诉讼请求。

(9)探视权的约定和处理。婚姻法规定，离婚后不带孩子的一方有探视孩子的权利，带孩子一方及其家人不得阻挠。在离婚协议中，探视权往往不被当事人所重视，只是在离婚协议中简单写上孩子归某方扶养，对于探视的时间、地点、方式有明确约定的不多，导致离婚后一旦产生争议，还要再次通过法院确认，增加了当事人的经济成本和时间成本。一般而言，每月探视的次数不宜过多，若探视过度频繁，会给双方带来很多不便，并会影响孩子的正常生活和学习。等孩子10周岁以上了，具体探视的时间及方式，还可以听取孩子的意见，以孩子的独立意志为转移。

（10）关于户口的约定处理。离婚后，户口迁移的问题也是离婚案件的难点。根据现在的户口管理规定以及法院的审判实践，法院一般不会受理以户口强迁为诉讼请求的侵权案件，而是以归口管理机关为公安机关为由让当事人找公安管理部门解决。而公安机关的答复往往是此类请求不符合强迁的法律规定，因此往往也是难以办理。在离婚协议中明确约定有义务迁出方不履行迁出义务的惩罚措施。户口拒不迁出造成当事人最大的问题就是心理的困扰和房屋转让的不便。

一般情况下，有了这样的约定，有义务迁出一方，会积极配合另一方将户口在最短时间内迁出，不一定要走到上法庭那一步。当然，协议时如果迁出义务一方不肯加上延时补偿条款，另一方就得自己衡量是否愿意承担法律风险了。如果上法院，法院可能会在判决书中加上"一方应在离婚后的 30 日内将户口迁出"之类的语句，但判决生效的执行问题往往也难以解决，当然，如果一方有条件迁出，则执行起来相对容易一些。

6.离婚协议生效时间。

签好离婚协议只是登记离婚的第一步，即双方达成了离婚的合意，但是中国的《婚姻登记管理条例》规定，结婚和离婚都是要通过登记来完成的，如果没有登记离婚，协议签好之后，是没有生效的，该协议就是民法里面所讲的附条件生效的一个合同，即以离婚为前提，该协议才生效，如果没有离婚（经过法定的认可），该协议未生效，也就无异废纸了。

离婚协议书格式及范文

离婚协议书

男方:某某,男,民族,出生年月日,住址,身份证号码:

女方:某某,女,民族,出生年月日,住址,身份证号码:

男方与女方于＿＿年＿＿月认识,于＿＿年＿＿月＿＿日在＿＿登记结婚,婚后于＿＿年＿＿月＿＿日生育一儿子／女儿,＿＿名。因＿＿＿＿＿＿致使夫妻感情确已破裂,已无和好可能,现经夫妻双方自愿协商达成一致意见,订立离婚协议如下:

一、男女双方自愿离婚。

二、子女扶养、扶养费及探望权。

儿子／女儿由女方扶养,随同女方生活,扶养费由男方全部负责,男方应于＿＿年＿＿月＿＿日前一次性支付＿＿元给女方作为儿子／女儿的扶养费(／男方每月支付扶养费＿＿元,男方应于每月的 1-5 日前将儿子／女儿的扶养费交到女方手中或指定的××银行账号:)。

在不影响孩子学习、生活的情况下,男方可探望女方扶养的孩子。(／男方每月可探望儿子／女儿一次或带儿子／女儿外出游玩,但应提前通知女方,女方应保证男方每月探望的时间不少于一天。)

三、夫妻共同财产的处理。

(1)存款:双方名下现有银行存款共＿＿元,双方各分一半,为＿＿元。分配方式:各自名下的存款保持不变,但男方／女方应于＿＿年＿＿月＿＿日前一次性支付元给女方／男方。

(2)房屋:夫妻共同所有的位于×××的房地产所有权归女方所有,房地产权证的业主姓名变更的手续自离婚后一个月内办理,男方必须协助女方办理变更的一切手续,过户费用由女方负责。女方应于＿＿年＿＿月＿＿日前一次性补偿房屋差价元给男方。

(3)其他财产:婚前双方各自的财产归各自所有,男女双方各自的私人生活用品及首饰归各自所有(附清单)。

四、债务的处理。

双方确认在婚姻关系存续期间没有发生任何共同债务，任何一方如对外负有债务的，由负债方自行承担。（/×方于___年___月___日向×××所借债务由×方自行承担……）

五、一方隐瞒或转移夫妻共同财产的责任。

双方确认夫妻共同财产在上述第3条已作出明确列明。除上述房屋、家具、家电及银行存款外，并无其他财产，任何一方应保证以上所列婚内全部共同财产的真实性。

本协议书财产分割基于上列财产为基础。任何一方不得隐瞒、虚报、转移婚内共同财产或婚前财产。如任何一方有隐瞒、虚报除上述所列财产外的财产，或在签订本协议之前二年内有转移、抽逃财产的，另一方发现后有权取得对方所隐瞒、虚报、转移的财产的全部份额，并追究其隐瞒、虚报、转移财产的法律责任，虚报、转移、隐瞒方无权分割该财产。

六、经济帮助及精神损害赔偿。

因女方生活困难，男方同意一次性支付补偿经济帮助金给女方。鉴于男方要求离婚的原因，男方应一次性补偿女方精神损害费___元。上述男方应支付的款项，均应于___年___月___日前支付完毕。

七、违约责任的约定：

任何一方不按本协议约定期限履行支付款项义务的，应付违约金_____元给对方（/按___支付违约金）。

八、协议生效时间的约定。

本协议一式三份，自婚姻登记机颁发《离婚证》之日起生效，男、女双方各执一份，婚姻登记机关存档一份。

九、如本协议生效后在执行中发生争议的，双方应协商解决，协商不成,任何一方均可向×××人民法院起诉。

男方:　　　　　　　　　女方:

年　月　日　　　　　　　年　月　日

十七、遗赠扶养协议书

遗赠扶养协议是遗赠人和扶养人之间关于扶养人承担遗赠人的生养死葬的义务,遗赠人的财产在其死后转归扶养人所有的协议。遗赠扶养协议是一种平等、有偿和互为权利义务关系的民事法律关系。遗赠扶养协议是我国《继承法》确立的一项新的法律制度,是我国继承制度的新发展。

1.遗赠扶养协议的特点

第一,遗赠扶养协议是双方的法律行为,只有在遗赠方和扶养方双方自愿协商一致的基础上才能成立。凡不违反国家法律规定、不损害公共利益、不违反社会主义道德准则的遗赠扶养协议即具有法律约束力,双方均必须遵守,切实履行。任何一方都不能随意变更或解除。如果一方要变更或解除,必须取得另一方的同意。而遗嘱是遗嘱人单方的法律行为,不需要他人的同意即可发生法律效力。遗嘱人不仅可以单方面订立遗嘱,而且还要以随时变更遗嘱的内容,或者撤销原遗嘱,另立新遗嘱。

第二,遗赠扶养协议是有偿的、相互附有条件的,它体现了权利义务相一致的原则。而遗赠是财产所有人生前以遗嘱的方式将其财产遗赠给国家、集体或个人的行为,它不以受遗赠人为其尽扶养义务为条件。

第三,遗赠扶养协议不仅有遗赠财产的内容,而且还包括扶养的内容。而遗赠只是遗赠财产,没有扶养的内容。

第四,遗赠扶养协议从协议成立之日起开始发生法律效力,而遗赠是从遗赠人死亡之日起发生法律效力。

第五,被继承人生前与他人订有遗赠扶养协议,同时又立有遗嘱的,继承开始后,如果遗赠扶养协议与遗嘱有抵触,按协议处理,与协议抵触的遗嘱全部或部分无效。(见《最高人民法院关于贯彻执行 < 中华人民共和国继承法 > 若干问题的意见》第 5 条)

2.遗赠扶养协议的效力

首先,遗赠扶养协议的法律效力高于法定继承和遗嘱继承。我国《继承法》第 5 条规定:"继承开始后,按照法定继承办理;有遗嘱的,按照遗嘱继承或者遗赠办理;有遗赠扶养协议的,按照协议办理。"在财产继承中如果各种继承方式并存,应首先执行遗赠扶养协议,其次是遗嘱和遗赠,最后才是法定继承。

其次,遗赠扶养协议一经签订,双方必须认真遵守协议的各项规定。被扶养人对协议中指明的财产,在其生前可以占有、使用,但不能处分。如果遗赠的财产因此而灭失,扶养人有权要求解除遗赠扶养协议,并要求补偿已经支出的扶养费用。扶养人必须认真履行扶养义务。如果扶养人不尽扶养义务,或者以非法手段谋取被扶养人的财产,经被扶养人的亲属或有关单位请求,人民法院可以剥夺扶养人的受遗赠权。如果扶养人不认真履行扶养义务,致使被扶养人经常处于生活困难、缺乏照料的情况时,人民法院可以酌情对遗赠财产的数额给予限制。

再次,遗赠扶养协议的执行期限一般较长,在此期间如因一方反悔而使协议解除时,便发生两种法律后果:一是扶养人无正当理由不履行协议规定的义务,导致协议解除的,不能享受遗赠的权利。其已支付的扶养费用,一般也不予补偿。二是受扶养人无正当理由不履行协议,致使协议解除的,则应适当偿还扶养人已支付的扶养费用。

最后,遗赠扶养协议签订后,遗赠人与其子女、扶养人与其父母之间的权利义务关系并不因此而解除。遗赠人的子女对遗赠人的赡养扶助义务,不因遗赠扶养协议而免除。同时,遗赠人的子女对其遗赠以外的财产也仍享有继承权。扶养人在与遗赠人订立遗赠扶养协议的情况下,由于不发生收养的法律效力,因而对自己的父母仍然有赡养扶助的义务,享有互相继承遗产的权利。

3.法定遗赠扶养协议

遗赠扶养协议,是遗赠人与扶养人之间订立的,确定遗赠与扶养民事权利义务关系的协议。这里的"扶养人"是指法定继承人以外的其他公民或集体所有制组织。这种协议规定,扶养人承担遗赠人生养死葬的义务,并于遗赠人死后取得其遗产。

遗赠扶养协议是在我国农村"五保"制度的基础上形成和发展起来的。我国《继承法》总结了这种经验,并用法律形式予以肯定的确认。遗赠扶养协议是我国继承立法的一个创造,具有中国特色。

根据我国《继承法》的规定,遗赠扶养协议可分为以下两类:

一类是公民之间的遗赠扶养协议。《继承法》第31条第一款规定"公民可以与扶养人签订遗赠扶养协议。按照协议,扶养人承担该公民生养死葬的义务,享有受遗赠的权利。"一般来说,这里的遗赠人是没有子女或子女不在身边、独立生活存在困难而需要他人照顾的老人。他享有受扶养人扶养的权利,负有死后将其遗产遗赠给扶养人的义务。这里的扶养人一般是遗赠人的亲属、街坊邻居或者其他亲朋好友等。他负有扶养遗赠人、承担其生养死葬的义务,享有接受遗赠人遗赠财产的权利。这里须强调的是:遗赠扶养协议中的扶养人不能是法定继承人,因为法定继承人与被继承人之间具有法定的互相扶养和互相继承的权利义务关系,用不着以协议的形式来确定。

另一类是公民与集体所有制组织之间的遗赠扶养协议。《继承法》第31条第2款规定"公民可以与集体所有制组织签订遗赠扶养协议。按照协议,集体所有制组织承担该公民生养死葬的义务,享有受遗赠的权利。"这里的遗赠人一般是缺乏劳动能力又缺乏生活来源的鳏寡孤独的"五保户"老人,他们享有受其所在集体所有制组织扶养的义务。集体所有制组织,一般是指"五保户"、承担其生养死葬的义务,享有受"五保户"遗赠财产的权利。

4.遗赠扶养协议书的注意事项

签订遗赠扶养协议,其目的在于使那些没有法定赡养义务人或虽有法定赡养义务人但无法实际履行赡养义务的孤寡老人,以及无独立生活能力老人的生活得到保障。在签订遗赠扶养协议时,应注意以下几点:

第一,扶养主体必须是法定继承人以外的公民或集体组织。

被扶养人可以与公民签订遗赠扶养协议,也可以与集体组织签订遗赠扶养协议。

第二,内容应明确具体写出遗赠扶养双方各自的权利义务。

扶养人承担该公民生养死葬的义务,享有受遗赠的权利;公民应将个人所有的合法财产赠送给扶养人。

扶养人或集体组织无正当理由不履行,致协议解除的,不能享有受遗赠的权利,其支付的供养费用一般不予补偿;遗赠人无正当理由不履行,致协议解除的,则应偿还扶养人或集体组织已支付的供养费用。

第三,遗赠内容应写明遗赠财产的名称、数量、处所,并提供有效的证明文件。

第四,扶养内容应写明提供扶养具体内容、办法和期限。

遗赠扶养协议格式范本

甲方(遗赠人、被扶养人):

性别:

出生日期:

住址:

身份证号:

乙方(受赠人、扶养人):

性别:

出生日期:

住址:

身份证号:

甲方愿意将本协议第一条中所有的个人财产遗赠给乙方,并由乙方承担扶养甲方义务;乙方愿意承担扶养甲方义务,并愿意接受甲方遗赠的财产,为此,就遗赠扶养相关事宜,在双方平等自愿基础上经协商一致达成如下协议,双方共同遵守:

第一条 甲方所有的如下个人财产在甲方去世后赠与乙方:

(1)房产:

(2)机动车:

(3)存款:

(4)其他财产:

第二条 乙方扶养义务的约定

乙方负责甲方的吃、穿、住、行、医疗、养老等扶养义务,扶养义务是

指在生活上照顾、经济上给予帮助,精神上给予慰藉。具体为:

饮食安排:乙方负责甲方一日三餐,饮食上应照顾甲方年纪和习惯。

生活安排:保证甲方四季穿衣保障,衣物、被褥整洁、常洗常换。同时乙方应于每月 10 日前给付甲方生活费××元。

医疗安排:乙方生病应及时安排治疗,住院等医疗费用由乙方承担。同时乙方应于每月 10 日前给付甲方医疗补助费××元。

其他安排:

第三条 遗赠财产所有权的转移

乙方在甲方生前不得转移、处置甲方个人财产,乙方应在甲方去世之后 30 日内办理遗赠财产的所有权转移手续。不需办理财产所有权转移手续的,乙方占有即视为已取得遗赠财产。

第四条 遗赠财产的保管、管理和维护责任

甲方应负责对遗赠遗产的保管和维护责任,不得单方处置上述第一条列明遗赠的财产(包括但不限于赠与、买卖、设置抵押等)。遗赠的财产损坏或者甲方单方处置给第三方,乙方有权要求甲方修理、更换或收回;甲方拒不修理、更换或收回的,乙方有权终止协议。

因管理遗赠财产发生的费用以及遗赠的财产确需维修的,首先从甲方财产中支付,甲方财产不足于支付上述费用的,由乙方承担。

第五条 丧葬事务办理及费用承担

甲方过世后的丧葬事务由乙方负责,乙方应当按照当地政策和风俗办妥甲方丧葬事务。办理甲方丧葬事务的费用首先由甲方去世后留下的财物支付,不足部分由乙方承担。

第六条 遗赠扶养协议的执行

甲乙双方一致同意指定村民委员会(居民委员会)负责监督本协议

书的履行。

第七条　本协议的解除

双方协商一致可以解除本协议；

一方当事人无正当理由拒绝履行协议内容，另一方可以解除本协议。

如果乙方在甲方生前未经其同意处置(包括但不限于赠与、买卖、设置抵押等)甲方的个人财产,甲方有权解除该协议。

第八条　违约责任

甲方单方处置遗赠的财产导致本协议解除，乙方有权要求甲方退还已支付的扶养费；

乙方无故不履行扶养义务导致本协议解除，不得享有受遗赠的财产,已支付的扶养费也不予退回。

第九条　本协议自签订之日成立,自公证之日起生效。

第十条　本协议一式三份,具有同等法律效力；甲乙双方各执一份,市公证处留存一份。

第十一条　本协议其他未尽事宜,由双方协商解决。

甲方(签字)：　　　　　　　　　乙方(签字)：

签订日期：

十八、收养协议书

收养协议是收养人与送养人双方自愿订立的表达送养和收养意愿的协议。收养协议的内容可以规定收养当事人及基本情况,收养成效后的收养人,送养人和被收养人的权利义务关系等。

收养是拟制血亲的亲子关系借以发生的法定途径。收养制度是婚姻家庭制度的重要组成部分。领养他人的子女为自己的子女。收养人称为养父、养母,被收养人称为养子、养女。收养须符合法律规定的条件和程序。我国保护合法的收养关系。养父母与养子女之间的权利和义务,适用婚姻法对父母子女关系的规定。

收养行为是一种设定和变更民事权利、义务的重要法律行为,它涉及对未成年人的抚养教育、对老年人的赡养扶助以及财产继承等一系列民事法律关系。收养这一法律行为的目的在于使没有父母子女关系的人们之间产生拟制的法律上的父母子女关系。一般说来,送养人为生父母或者其他监护人,收养人为养父和养母(单方收养时是养父或者养母),被收养人为养子或养女。收养行为一旦发生法律效力,便产生两个方面的法律效果:一是在收养人和被收养人之间产生法定的父母子女关系。二是对被收养人及其生父母之间的父母子女关系以及基于此的其他亲属关系同时消灭。由于收养法律行为可以导致当事人人身关系和民事权利义务的变化,所以法律对于收养行为一般均规定比较严格的条件,其中包括对收养人条件的规定,对被收养人条件的规定以及对被收养人的送养人条件的规定等。符合这些条件的当事人在自愿、平等、协商的基础上,达成收养协议,按照法律规定的程序报主管机关进行收养登记后,收养关系便产生法律效力。

1.收养与寄养及抚养和赡养的区别。

收养不同于寄养,寄养是父母因特殊情况不能直接履行对子女的抚养义务,把子女寄托在他人家中生活的委托代理行为。寄养不发生父母子女关系的变更,被寄养儿童与受托人之间不产生父母子女的法律关系。

收养不同于抚养和赡养,根据我国《婚姻法》和《继承法》的有关规定,抚养是父母照顾、养育其子女的一种法定义务;赡养是成年(孙子女,子女)照顾、关怀其父母或者祖父母的法定义务。无论抚养还是赡养,都不引起人身关系和民事权利义务的变更,都不是变更人身关系的民事法律行为。公民非因法定义务而自愿抚养他人子女也不属于收养的行为。

2.签订收养协议的条件。

收养必须符合一定的条件,所以收养人和送养人在签订该协议时一定要从以下方面多加注意:

首先,明确收养人和送养人的主体资格。收养人和送养人的主体资格不符合法律规定的,该收养协议将无效,所以当事人在签订收养协议时,应当从以下方面了解收养人与被收养人的条件:

根据《收养法》第4条规定,被收养人的条件是:下列不满14周岁的未成年人可以被收养:①丧失父母的孤儿;②查找不到生父母的弃婴和儿童;③生父母有特殊困难无力抚养的子女。

收养人应当同时具备下列条件:①无子女;②有抚养教育被收养人的能力;③年满35周岁。④未患有医学上认为不应当收养子女的疾病。收养人只能收养一名子女。收养孤儿、残疾儿童或者社会福利机构抚养的查找不到生父母的弃婴和儿童,可以不受收养人无子女和收养一名的限制。无配偶的男性收养女性的,收养人与被收养人的年龄应当相差40周岁以上。

收养三代以内同辈旁系血亲的子女,可以不受本法第4条第3项、第5条第3项、第九条和被收养人不满14周岁的限制。华侨收养三代以内同辈旁系血亲的子女,还可以不受收养人无子女的限制。继父或者继母经继子女的生父母同意,可以收养继子女,并可以不受本法第4条第 3 项、第 5 条第 3 项、第 6 条和被收养人不满 14 周岁以及收养一名的限制。

送养人的条件是:①孤儿的监护人;②社会福利机构;③有特殊困难无力抚养子女的生父母;④生父母送养子女,须双方共同送养。生父母一方不明或者查找不到的可以单方送养;⑤送养人不得以送养子女为理由违反计划生育的规定再生育子女。

其次,写明收养协议具体内容。收养人和送养人需将双方达成的收养人的权利义务具体内容加以明确,以保障被收养人的健康成长。实践中,收养人和被收养人常常涉及继承、抚养问题纠纷。所以建议在收养协议中明确指出:①收养人和被收养人之间;②有互负抚养的义务;③有互享继承的权利;④收养人对被收养人,有管教培育的责任。

综上,收养孩子本身就是一个复杂冗长的过程,因此收养人和送养人在签订收养协议时除了从以上方面多加注意之外,还应当多加考虑孩子的健康成长问题,建议尽可能在该协议中详尽收养人对被收养人的教管培养事项。

3.签订收养协议应当注意的问题。

(1)收养协议由收养人和送养人双方签订。收养人收养与送养人送养,须双方自愿。收养年满 10 周岁以上未成年人的,应当征得被收养人的同意。未成年人的父母均不具备完全民事行为能力的,该未成年人的监护人不得将其送养,但父母对该未成年人有严重危害可能的除外。监护人送养未成年孤儿的,须征得有抚养义务的人同意。有抚养义务的人不同意送养、监护人不愿意继续履行监护职责的,应当依照《中华人民共和国民法通则》的规定变更监护人。继父或者继母经继子女的生父母同意,可以收养继子女(见《收养法》第 14 条)。无配偶的男性收养女性的,收养人与被收养人的年龄应当相差 40 周岁以上,但如果收养人收养三代以内同辈旁系血亲的子女除外。华侨收养三代以内同辈旁系血亲的子女,还可以不受收养人无子女的限制。

（2）登记与公证。这不是收养的必须程序。收养查找不到生父母的弃婴和儿童以及社会福利机构抚养的孤儿的,应当向民政部门登记。收养应当由收养人、送养人依照《收养法》规定的收养、送养条件订立书面协议,并可以办理收养公证;收养人或者送养人要求办理收养公证的,应当办理收养公证。

（3）孤儿或者生父母无力抚养的子女,可以由生父母的亲属、朋友抚养。配偶一方死亡,另一方送养未成年子女的,死亡一方的父母有优先抚养的权利。收养人、送养人要求保守收养秘密的,其他人应当尊重其意愿,不得泄露。

收养协议书格式

收养协议书

甲方(收养人)：×××(姓名、住址)

乙方(送养人)：×××(姓名、住址)

甲乙双方就收养×××(被收养人姓名)达成协议如下：

第一条　被收养人的基本情况(写明:被收养人的姓名、性别、年龄、健康状况、现住址)

第二条　收养人×××是××(国名)××单位的××(职务),现年××岁(已婚的,收养人为夫妻双方),住在××国×市×区(县)××街××号。

第三条　收养人×××的基本情况(写清楚收养人的健康、财产等收养法规定的条件)符合收养的条件。

第四条　送养人的基本情况(写明送养人的姓名或者名称,为什么要送养的理由)

第五条　收养人×××保证在收养关系存续期间,尽扶养收养人之义务。

第六条　甲乙双方在本协议签订后3日内,到××民政局办理收养登记手续。本收养协议自×××公证机关公证之日起生效。

甲方:×××(签字、盖章)

乙方:×××(签字、盖章)

×××年×月×日

收养协议书范文

收养协议书

收养人:王××,男,生于××年××月××日,湖北省黄石市人,住址:××路××号。

郑×,女,生于××年××月××日,籍贯、住址同上,系王××之妻。

送养人:

王××,男,生于××年××月××日,××省××市人,住址:××路××号。

张××,女,生于××年××月××日,籍贯、住址同上,系王××之妻。

收养人与送养人双方就收养李×一事,经过协商,自愿达成如下协议,供协议当事人遵守:

第一条 被收养人的基本情况

被收养人王×,男,生于××年××月××日,现系××市××小学×年级学生。

第二条 收养人的基本情况

收养人王××,无子女,与送养人系同胞弟兄关系,与被收养人系亲伯侄关系,个体经营户有稳定的经济收入,有住房,符合法律规定的收养人条件。

收养人郑×,无子女,与王××系夫妻关系,符合法律规定的收养人条件。

第三条 送养人的基本情况

送养人王××、张××,无业,没有稳定的经济收入,符合法律规定的送养的条件。

第四条 收养人的义务

送养人保证在收养关系存续期间,尽扶养被收养人之义务。

其他

1.收养人与送养人双方在本协议签订后日内,到黄石市民政局办理收养登记手续。

2.本收养协议自收养人与送养人双方签字、并经黄石市公证机关公证及经黄石市民政局办理收养登记手续即生效。

收养人:(签字、盖章)

送养人:(签字、盖章)

××年××月××日

第三章 劳动类法律文书

十九、劳动合同书

劳动合同是指劳动者与用工单位之间确立劳动关系，明确双方权利和义务的协议。订立和变更劳动合同，应当遵循平等自愿、协商一致的原则，不得违反法律、行政法规的规定。劳动合同依法订立即具有法律约束力，当事人必须履行劳动合同规定的义务。

根据《中华人民共和国劳动法》（以下简称《劳动法》）第 16 条第一款规定，劳动合同是劳动者与用工单位之间确立劳动关系，明确双方权利和义务的协议。根据这个协议，劳动者加入企业、个体经济组织、事业组织、国家机关、社会团体等用人单位，成为该单位的一员，承担一定的工种、岗位或职务工作，并遵守所在单位的内部劳动规则和其他规章制度；用人单位应及时安排被录用的劳动者工作，按照劳动者提供劳动的数量和质量支付劳动报酬，并且根据劳动法律、法规规定和劳动合同的约定提供必要的劳动条件，保证劳动者享有劳动保护及社会保险、福利等权利和待遇。

1.劳动合同的主体即劳动法律关系当事人：劳动者和用人单位。劳动合同的主体与其他合同关系的主体不同:其一,劳动合同的主体是由法律规定的具有特定性,不具有法律资格的公民与不具有用工权的组织不能签订劳动合同;其二,劳动合同签订后,其主体之间具有行政隶属性,劳动者必须依法服从用人单位的行政管理。

2.劳动合同的特征。劳动合同除了具有合同的共同特征外,还有自己独有的下列特征:

(1)劳动合同主体具有特定性。一方是劳动者,即具有劳动权利能力和劳动行为能力的中国人、外国人和无国籍人;另一方是用人单位,即具有使用劳动能力的权利能力和行为能力的企业个体经济组织、事业组织、国家机关、社会团体等用人单位。双方在实现劳动过程中具有支配与被支配、领导与服从的从属关系。

(2)劳动合同内容具有劳动权利和义务的统一性和对应性。没有只享受劳动权利而不履行劳动义务的,也没有只履行劳动义务而不享受劳动权利的。一方的劳动权利是另一方的劳动义务,反之亦然。

(3)劳动合同客体具有单一性,即劳动行为。

(4)劳动合同具有诺成、有偿、双务合同的特征。劳动者与用人单位就劳动合同条款内容达成一致意见,劳动合同即成立。用人单位根据劳动者劳动的数量和质量给付劳动报酬,不能无偿使用劳动力。劳动者与用人单位均享有一定的权利并履行相应的义务。

(5)劳动合同往往涉及第三人的物质利益关系。劳动合同必须具备社会保险条款,同时劳动合同双方当事人也可以在劳动合同中明确规定有关福利待遇条款,而这些条款往往涉及第三人物质利益待遇。

3.劳动合同的作用。

(1)劳动合同是建立劳动关系的基本形式。以劳动合同作为建立劳动关系的基本形势是世界各国的普遍做法。这是由于劳动过程是非常复杂的也是千变万化的,不同行业,不同单位合同劳动者在劳动过程中的权利义务各不相同,国家法律法规只能对共性问题做出规定,不可能对当事人的具体权利义务做出规定,这就要求签订劳动合同明确权利义务。

（2）劳动合同是促进劳动力资源合理配置的重要手段。用人单位可以根据经营或工作需要确定录用劳动者的条件和方式数量,并且通过签订不同类型不同期限的劳动合同,发挥劳动者的特长合理使用劳动力。

（3）劳动合同有利于避免或减少劳动争议。劳动合同明确规定劳动者和用人单位的权利义务,这既是对合同主体双方的保障又是一种约束,有助于提高双方履行合同的自觉性,促使双方正确行使权力,严格履行义务。因为劳动合同的订立和履行有利于避免或减少劳动争议的发生,有利于稳定劳动关系。

4.劳动合同的种类。根据《中华人民共和国劳动合同法实施条例》第18条、第19条规定,劳动合同有"固定期限劳动合同"、"无固定期限劳动合同"和"单项劳动合同"。

一、固定期限劳动合同,是指用人单位与劳动者约定合同终止时间的劳动合同。用人单位与劳动者协商一致,可以订立固定期限劳动合同。

二、无固定期限劳动合同,是指用人单位与劳动者约定无确定终止时间的劳动合同。原劳动法规定的长期合同。

三、单项劳动合同,即没有固定期限,以完成一定工作任务为期限的劳动合同,是指用人单位与劳动者约定以某项工作的完成为合同期限的劳动合同。

5.劳动合同的内容。劳动合同的内容可分为两方面,一方面是必备条款的内容,另一方面是协商约定的内容。

《劳动法》第19条规定了劳动合同的法定形式是书面形式,其必备条款有7项:

(1)劳动合同期限。

法律规定合同期限分为三种:有固定期限,如一年期限、三年期限等等均属这一种;无固定期限,合同期限没有具体时间约定,只约定终止合同的条件,无特殊情况,这种期限的合同应存续到劳动者到达退休年龄;以完成一定的工作为期限,例如:劳务公司外派一员工去另外一公司工作,两个公司签订了劳务合同,劳务公司与外派员工签订的劳动合同期限是以劳务合同的解除或终止而终止,这种合同期限就属于以完成一定工作为期限的种类。用人单位与劳动者在协商选择合同期限时,应根据双方的实际情况和需要来约定。

(2)工作内容。

在这一必备条款中,双方可以约定工作数量、质量,劳动者的工作岗位等内容。在约定工作岗位时可以约定较宽泛的岗位概念,也可以另外签一个短期的岗位协议作为劳动合同的附件,还可以约定在何种条件下可以变更岗位条款等等。掌握这种订立劳动合同的技巧,可以避免工作岗位约定过死,因变更岗位条款协商不一致而发生的争议。

(3)劳动保护和劳动条件。

在这方面可以约定工作时间和休息休假的规定,各项劳动安全与卫生的措施,对女工和未成年工的劳动保护措施与制度,以及用人单位为不同岗位劳动者提供的劳动、工作的必要条件,等等。

(4)劳动报酬。

此必备条款可以约定劳动者的标准工资、加班加点工资、奖金、津贴、补贴的数额及支付时间、支付方式,等等。

(5)劳动纪律。

此条款应当将用人单位制定的规章制度约定进来，可采取将内部规章制度印制成册，作为合同附件的形式加以简要约定。

(6)劳动合同终止的条件。

这一必备条款一般是在无固定期限的劳动合同中约定，因这类合同没有终止的时限。但其他期限种类的合同也可以约定。须注意的是，双方当事人不得将法律规定的可以解除合同的条件约定为终止合同的条件，以避免出现用人单位应当在解除合同时支付经济补偿金而改为终止合同不予支付经济补偿金的情况。

(7)违反劳动合同的责任。

一般约定两种违约责任形式，一是一方违约赔偿给对方造成经济损失，即赔偿损失的方式；二是约定违约金的计算方法，采用违约金方式应当注意根据职工一方承受能力来约定具体金额，避免出现显失公平的情形。违约，不是指一般性的违约，而是指严重违约，致使劳动合同无法继续履行，如职工违约离职，单位违法解除劳动者合同等。

约定条款，是指按照法律规定，用人单位与劳动者订立的劳动合同除上述7项必须具备的条款内容外，还可以协商约定其他的内容，一般简称为协商条款或约定条款，其实称为随机条款似乎更准确，因为必备条款的内容也是需要双方当事人协商、约定的。

这类约定条款的内容，是当国家法律规定不明确，或者国家尚无法律规定的情况下，用人单位与劳动者根据双方的实际情况协商约定的一些随机性的条款。劳动行政部门印制的劳动合同样本，一般都将必备条款写得很具体，同时留出一定的空白地由双方随机约定一些内容。例如：可以约定试用期、保守用人单位商业秘密的事项、用人单位内部的一些福利待遇、房屋分配或购置等内容。

随着劳动合同制的实施,人们的法律意识,合同观念会越来越强,劳动合同中的约定条款的内容会越来越多。这是改变劳动合同千篇一律状况,提高合同质量的一个重要体现。

6.劳动合同中商业秘密事项如何约定。

几个法律规定:《反不正当竞争法》第 10 条,《劳动部关于企业职工流动若干问题的通知》(劳部发[1996]355 号)第 2 条,《关于禁止侵犯商业秘密行为的若干规定(修正)》(国家工商局公第 41 号),《国家工商局关于商业秘密构成要件问题的答复》(工商公字[1998]109 号),国家科委《关于加强科技人员流动中技术秘密管理的若干意见》(国科发政字[1997]317 号)

根据上述规定,商业秘密是指不能从公开渠道直接获取的;能为权利人带来经济利益、具有实用性;并须权利人采取保密措施的信息。该信息必须全部具备上述三个特点,方能称之为商业秘密。作为用人单位应特别注意对自己认为属于商业秘密的信息和资料采取切实可行的保密措施。比如:用内部规章制度对保密的范围、内容、岗位、人员、措施等等加以明确,也就是制定保密制度;用协议书的形式与有关单位和职工约定保守秘密的权力与义务。只有如此,才能在发生争议之后,依法保护自己的合法利益。

劳动合同就是用人单位与劳动者的一种协议书,可以在其中约定商业秘密的内容。按照规定,可以约定在劳动合同终止前或该职工提出解除劳动合同后的一定时间内(不超过 6 个月),调整其工作岗位,变更劳动合同的相关内容;也可以约定用人单位对掌握商业秘密的职工规定在终止或解除劳动合同后的一定期限内(不超过 3 年),不得到生产同类产品或经营同类业务且有竞争关系的其他用人单位任职,也不得自己生产与原单位有竞争关系的同类产品或经营同类业务,但用人单位应当给予该职工一定数额的经济补偿。

7.劳动合同中试用期的约定。签订劳动合同既可不约定试用期,也可约定试用期。但约定的试用期最长不得超过 6 个月。劳动合同期限在 3 个月以上不满 1 年的,试用期不得超过 1 个月;劳动合同期限在 1 年以上不满 3 年的,试用期不得超过 2 个月;3 年以上的固定期限和无固定期限的劳动合同,试用期不得超过 6 个月。试用期包括在劳动合同期限中。非全日制劳动合同,不得约定试用期,以完成一定工作任务为期限的劳动合同或者合同期限不满 3 个月的,不得约定试用期限。

劳动合同试用期是用人单位与劳动者建立劳动关系后为相互了解、选择而约定的考察期,一般情况下适用于初次就业或再次就业时改变劳动岗位或工种的劳动者。因此,在试用期内劳动者若被证明不符合录用条件,用人单位可随时解除合同,而劳动者在试用期内认为用人单位的工作不适合自己,也可随时解除合同。学徒期是对进入某些工作岗位的新招工人熟悉业务、提高工作技能的一种培训方式。目前,这一培训方式仍在继续采用,并按照技术等级标准规定的期限执行。见习期是大中专、技校毕业生新分配到用人单位工作的一种见习制度,期限为一年。综上所述,试用期与学徒期,或与见习期可以在劳动合同中同时约定,执行时应注意相互衔接好。这方面的具体规定请见《劳动部办公厅对〈关于劳动用工管理有关问题的请示〉的复函》(劳办发[1996]5 号)。

劳动合同书格式及范本

劳动合同书

合同编号 _____

甲方 _____ 法定代表人 _____

注册地址 _____

乙方 _____ 性别 _____ 居民身份证号 _____

在甲方工作起始时间 _____ 年 _____ 月 _____ 日

家庭住址 _____

邮政编码 _____

户口所在地 _____ 省(市)_____ 区(县)_____ 街道(乡镇)

根据《中华人民共和国劳动法》和有关规定,甲乙双方经平等协商一致,自愿签订本合同,共同遵守本合同所列条款。

一、劳动合同期限

第一条 本合同为 _____ 期限劳动合同。

本合同于 _____ 年 _____ 月 _____ 日生效,其中试用期至 _____ 年 _____ 月 _____ 日止。

本合同于 _____ 终止。

二、工作内容

第二条 乙方同意根据甲方工作需要,担任 _____ 岗位(工种)工作。

第三条 乙方工作应达到 _____ 标准。

三、劳动保护和劳动条件

第四条 甲方安排乙方执行 _____ 工时制度。

执行标准工时制的,乙方每日工作时间 8 小时,每周工作 40 小时。

执行综合计算工时工作制的,乙方平均每天工作时间不超过 8 小时,平均每周工作不超过 40 小时。

执行不定时工作制的,在保证完成甲方工作任务情况下,乙方自行安排工作和休息时间。

第五条 甲方安排乙方加班,应符合法律、法规的规定。甲方安排乙方延长工作时间,应支付不低于工资的 150% 的工资报酬;甲方安排乙方休息日工作又不能安排补休的,应支付不低于工资 200% 的工资报酬。甲方安排乙方法定休假日工作的,应支付不低于工资的 300% 的工资报酬。

乙方加班工资基数为每日 _____ 元或按 _____ 执行。

第六条　甲方为乙方提供必要的劳动条件和劳动工具,建立健全生产工艺流程,制定操作规程、工作范围和劳动安全卫生制度。

第七条　甲方负责对乙方进行职业道德、业务技术、劳动安全、劳动纪律和甲方规章制度的教育。

四、劳动报酬

第八条　甲方每月 _____ 日前以货币形式支付乙方工资,月工资为 _____ 元或按 _____ 执行。乙方在试

用期间的工资 _____。甲乙双方对工资的其他约定 _____

_____。

第九条　甲方生产工作任务不足使乙方待工的,甲方支付乙方的月生活费为 _____ 元或按 _____ 执行。

五、保险福利待遇

第十条　甲乙双方按国家和北京市的规定参加社会保险。甲方为乙方办理有关社会保险手续。

第十一条　乙方患病或非因工负伤的医疗待遇按国家、北京市有关规定执行。甲方按 _____ 支付乙方病假工资。

第十二条　乙方患职业病或因工负伤的待遇按国家和北京市的有关规定执行。

第十三条　甲方为乙方提供以下福利待遇:

六、劳动纪律

第十四条 甲方根据生产经营需要，依法制定规章制度和劳动纪律乙方违反劳动纪律和甲方的规章制度，甲方有权根据规章制度进行处理，直至解除本合同。

第十五条 乙方应遵守劳动纪律的规章制度，遵守劳动安全卫生、生产工艺、操作规程和工作规范；爱护甲方的财产，遵守职业道德；积极参加甲方组织的培训，提高自身素质。

七、劳动合同的变更、解除

第十六条 有下列情形之一的，甲乙双方应变更劳动合同并及时办理变更合同手续：

（一）甲乙双方协商一致的；

（二）订立本合同所依据的客观情况发生重大变化，致使本合同无法履行的；

（三）订立本合同所依据的法律、法规、规章发生变化的。

第十七条 当事人依据第十六条第（二）项的约定，一方要求变更本合同的，应将变更要求书面通知另一方，另一方应在 15 日内（含 15 日）书面答复对方；15 日内未答复的视为不同意变更本合同。

第十八条 经甲乙双方协商一致，本合同可以解除。

第十九条 乙方有下列情形之一，甲方可以解除本合同：

（一）在试用期间被证明不符合录用条件的；

（二）严重违反劳动纪律或者甲方规章制度，按照甲方单位规定或者本合同约定可以接触劳动合同的；

（三）严重失职，营私舞弊，对甲方利益造成重大损害的；

（四）被依法追究刑事责任的。

第二十条　有下列情形之一的，甲方可以解除本合同，但应当提前30日以书面形式通知乙方：

（一）乙方患病后者非因工负伤，医疗期满后，不能从事原工作也不能从事由甲方另行安排的工作或者不符合国家和本市从事有关行业、工种岗位规定，甲方无法另行安排工作的；

（二）乙方不能胜任工作，经过培训或者调整工作岗位，仍不能胜任工作的；

（三）本合同订立时所依据的客观情况发生重大变化，致使本合同无法履行，经甲乙双方协商不能就变更劳动合同达成协议的。

第二十一条　甲方有下列情形之一，确需裁减人员的，应当提前30日向全体职工说明情况，听取工会或者职工的意见，经向劳动和社会保障部门报告后，可以解除合同：

（一）濒临破产进行法定整顿期间的；

（二）因防治工业污染源搬迁的；

（三）生产经营状况发生严重困难的。

第二十二条　乙方有下列情况之一的，甲方不得依据本合同第二十条、第二十一条解除本合同：

（一）患职业病或者因工负伤并被确认达到伤残等级的；

（二）患病或非因工负伤、在规定的医疗期内的；

（三）女职工在孕期、产期、哺乳期内的；

（四）在甲方连续工作10年以上，且距法定退休年龄不满5年的；

（五）复员、转业退伍军人初次参加工作未满3年的；

（六）建设征地农转非工人员初次参加工作未满3年的；

（七）义务服兵役期间的；

（八）集体协商的职工代表在劳动合同期内自担任代表之日起5年以内的。

第二十三条 乙方解除本合同,应当提前30日以书面形式通知甲方,甲方应予已办理相关手续。但乙方给甲方造成经济损失尚未处理完毕的除外。

第二十四条 有下列情形之一的，乙方可以随时通知甲方解除本合同：

（一）在试用期内的；

（二）甲方以暴力、威胁或者非法限制人身自由的手段强迫劳动的；

（三）甲方未按照本合同约定支付劳动报酬或者提供劳动条件的；

（四）甲方未依法为乙方缴纳社会保险费的。

第二十五条 本合同期限届满后,因甲方原因未办理终止手续,乙方要求解除劳动关系的,劳动关系即行解除。

八、劳动合同的终止、续订

第二十六条 有下列情形之一的,本合同终止：

（一）合同期限届满的；

（二）合同约定的终止条件出现的；

（三）乙方达到法定退休条件的；

（四）甲方依法破产、解散的；

（五）法律、法规、规章规定的其他情形。

第二十七条 本合同期限界满前30日,甲方应将终止或续订劳动合同意向以书面形式通知乙方。甲方未提前通知乙方而终止劳动合同的,以乙方上月日平均工资为标准,每延迟1日,支付乙方1日工资的赔偿金。

第二十八条　有下列情形之一的，应续订本合同并及时办理续订手续：

（一）甲乙双方同意续订劳动合同的；

（二）本合同期限届满后，未办理终止劳动合同手续仍存在劳动关系，乙方要求续订劳动合同的。

出现本条第（二）项情况，双方就续订的劳动合同期限协商不一致时，续订的劳动合同期限从签字之日起不得少于 12 个月；乙方符合续订无固定期限劳动合同条件的，甲方应与其签订无固定期限劳动合同。

九、经济补偿与赔偿

第二十九条　发生下列情形之一的，甲方按下列标准向乙方支付经济补偿金：

（一）甲方克扣或者无故拖欠乙方工资的，以及拒不支付乙方延长工作时间工资报酬的，除全额支付乙方工资报酬外，还应加发相当于工资报酬 25% 的经济补偿金；

（二）支付乙方的工资报酬低于北京市最低工资标准的，在补足低于标准部分的同时，另外支付相当于低于部分 25% 的经济补偿金。

第三十条　有下列情形之一的，甲方根据乙方在甲方工作年限和乙方解除本合同前 12 个月的平均工资，工作每满 1 年支付 1 个月工资的经济补偿金，不满 1 年的按 1 年计算，最多不超过 12 个月：

（一）经与乙方协商一致，甲方解除本合同的；

（二）乙方不能胜任工作，经过培训或者调整工作岗位，仍不能胜任工作，由甲方解除本合同的；

（三）本合同期限届满，因甲方原因未办理终止手续仍存在劳动关系，甲方与乙方协商一致，解除劳动关系的。

第三十一条　有下列情形之一的，甲方解除本合同，应根据乙方在甲方工作年限，每满 1 年支付乙方相当于甲方上年月平均工资 1 个月工资的经济补偿金，不满 1 年的按 1 年计算，如乙方解除本合同前 12 个月的平均工资高于甲方上年月平均工资，按本人月平均工资计发：

（一）乙方患病或者非因工负伤，不能从事原工作也不能从事甲方另行安排的工作的；

（二）本合同订立时所依据的客观情况发生重大变化，致使合同无法履行，经甲乙双方协商不能就变更本合同达成协议的；

（三）甲方裁减人员的。

第三十二条　甲方向乙方支付的经济补偿金的计发标准不得低于北京市最低工资。

第三十三条　甲方解除本合同后，未按规定发给乙方经济补偿金的，除全额发给经济补偿金外，还需按该经济补偿金数额的 50% 支付额外经济补偿金。

第三十四条　甲方依据本合同第二十条第（一）项解除劳动合同的，应支付不低于 6 个月工资的医疗补助费。患重病的还应加发 50% 的医疗补助费，患绝症的加发 100% 的医疗补助费。

第三十五条　甲方违反本合同约定解除劳动合同或由于甲方原因订立无效劳动合同，给乙方造成损害的，应按损失程度承担赔偿责任。

第三十六条　甲方出资培训和出资招接收的乙方，违反本合同的约定解除合同的赔偿标准为

_____

第三十七条　乙方因存在本合同规定的第十九条第（二）项、第（三）项规定的情形，被甲方解除本合同，且给甲方造成损失的，应当承担赔偿责任。

第三十八条　乙方违反本合同约定条件解除劳动合同或违反保守

商业秘密事项,给甲方造成经济损失的,应依法承担赔偿责任。

双方约定＿＿＿＿＿＿＿＿＿＿＿＿＿＿＿＿＿＿＿

＿＿＿＿＿＿＿＿＿＿＿＿＿＿＿＿＿＿＿＿＿＿＿＿＿

＿＿＿＿＿＿＿＿＿＿＿＿＿＿＿＿＿＿＿＿＿＿＿＿＿

＿＿＿＿＿＿＿＿＿＿＿＿＿＿＿＿＿＿＿＿＿＿＿＿＿

十、当事人约定的其他内容

第三十九条　甲乙双方约定本合同增加以下内容:

＿＿＿＿＿＿＿＿＿＿＿＿＿＿＿＿＿＿＿＿＿＿＿＿＿

＿＿＿＿＿＿＿＿＿＿＿＿＿＿＿＿＿＿＿＿＿＿＿＿＿

＿＿＿＿＿＿＿＿＿＿＿＿＿＿＿＿＿＿＿＿＿＿＿＿＿

＿＿＿＿＿＿＿＿＿＿＿＿＿＿＿＿＿＿＿＿＿＿＿＿＿

十一、劳动争议处理及其他

第四十条　双方因履行本合同发生争议,当事人可以向甲方劳动争议调解委员会申请调解;调解不成的,应当自劳动争议发生之日起,60日内向劳动争议仲裁委员会申请仲裁。当事人一方也可以直接向劳动争议仲裁委员会申请仲裁。

第四十一条　本合同的附件如下＿＿＿＿＿＿＿＿＿

＿＿＿＿＿＿＿＿＿＿＿＿＿＿＿＿＿＿＿＿＿＿＿＿＿

＿＿＿＿＿＿＿＿＿＿＿＿＿＿＿＿＿＿＿＿＿＿＿＿＿

第四十二条　本合同未尽事宜或与今后国家、北京市有关规定相悖的,按有关规定执行。

第四十三条　本合同一式两份,甲乙双方各执一份。

甲方(公章)　　　　　乙方(签字或盖章)

法定代表人或委托代理人(签字或盖章)

签订日期:　年　月　日

签证机关(盖章)

签证员(签字或盖章)

签订日期:　年　月　日

劳动合同续订书

本次续订劳动合同期限类型为 _____ 期限合同,续订合同生效日期为 __ 年 __ 月 __ 日,续订合同 _____ 终止。

甲方(盖章)　　　　　乙方(签字或盖章)

法定代表人或委托代理人(签章)

　　　　　　　　　　　　　　　　　年　月　日

劳动合同变更书

经甲乙双方平等自愿、协商同意,对本合同做以下变更:

1.

_____

_____

2.

_____

_____

3.

_____

甲方(盖章)

乙方(签字或盖章)

法定代表人或委托代理人(签字或盖章)

　　年　月　日

使用说明:

一、本合同书可作为用人单位与职工签订劳动合同时使用。

二、用人单位与职工使用本合同书签订劳动合同时,凡需要双方协商约定的内容,协商一致后填写在相应的空格内。

签订劳动合同,甲方应加盖公章;法定代表人或委托代理人应本人签字或盖章。

三、经当事人双方协商需要增加的条款,在本合同书中第三十九条中写明。

四、当事人约定的其他内容,劳动合同的变更等内容在本合同内填写不下时,可另附纸。

五、本合同应使钢笔或签字笔填写,字迹清楚,文字简练、准确,不得涂改。

六、本合同一式两份,甲乙双方各持一份,交乙方的不得由甲方代为保管。

二十、劳务合同书

劳务合同是民事合同,是当事人各方在平等协商的情况下达成的,就某一项劳务以及劳务成果所达成的协议,劳务合同不属于劳动合同,从法律适用看,劳务合同适用于合同法以及民法通则和其他民事法律所调整,而劳动合同适用于劳动法以及相关行政法规所调整。

1.劳务合同的法律特征

劳务是指以劳动形式提供给社会的服务。劳务的形式有两种,一种是生产过程与交换过程的统一,消费过程可以独立于外,如服装加工,家具制作等等。还有一种是劳动者的劳动与购买者的消费同步,劳动者提供使用价值的过程,如饮食、理发,等等,劳动行为以劳动成果的形式呈现。劳务合同是作为独立经济实体的单位之间、公民之间以及它们相互之间就有关提供和使用劳动力问题而订立的协议。

与劳务有关的合同很多,除了雇佣之外,尚有承揽、出版、运送、委托、行纪、居间、寄存、仓储等。劳务合同的概念很宽泛,没有明确统一的法律定义。劳务合同有广义与狭义之分。广义的劳务合同是指一切与提供活劳动服务(即劳务)有关的协议。它属于民法调整的范畴,该合同标的是劳务。劳务合同:"是当事人双方就一方提供活劳动给另一方服务过程中形成的债权债务关系的协议"。狭义的劳务合同仅指雇佣合同,即是指双方当事人约定,在确定或不确定期间内,一方向他方提供劳务,他方给付报酬的合同。广义的劳务合同涵盖的内容很多,只要是标的为劳务的合同,均可纳入该类合同。按照一方提供给另一方劳务(活劳动服务)侧重的不同,可以把广义的劳务合同划分为两类:一类是合同的标的是劳务,但侧重于劳务行为本身的合同。有学者将该类劳务合同内容概括为以下诸多方面:委托、行纪、居间、保管、仓储、运送(输)、旅游、演出、雇佣、银行转账结算合同以及劳动合同。另一类是合同的标的是劳务,但侧重于劳务行为结果的合同,即完成工作交付成果的合同;该类合同的内容主要是承揽合同,以及承揽合同的特殊形式建筑工程承包合同。广义的劳务合同主要遵循传统的民法原理,受民法的调整,且大部分合同都已成为有名合同,双方的具体权利义务在合同中都有明确的规定,如行纪、居间、保管、运输、承揽、建筑工程承包合同等。

狭义的劳务合同仅指一般的雇佣合同,在大多数国家它仍由民法来调整;对于雇佣合同中的另一种特例——劳动合同,由于它"以个人思想为背景的法律结构,在近代社会越来越不适应规范劳务契约之现实",这样,发展到今天的劳动合同已不再由民法来调整,而是由劳动法来调整。

综上所述,劳务合同有以下特征:

(1)劳务合同主体的广泛性与平等性。劳务合同的主体既可以是法人、组织之间签订,也可以是公民个人之间、公民与法人组织之间,一般不作为特殊限定,具有广泛性。同时,双方完全遵循市场规则,地位平等。双方签订合同时应依据《合同法》的公平原则进行。

(2)劳务合同合同标的的特殊性。劳务合同的标的是一方当事人向另一方当事人提供的活劳动,即劳务,它是一种行为。劳务合同是以劳务为给付标的的合同,只不过每一具体的劳务合同的标的对劳务行为的侧重方面要求不同而已,或侧重于劳务行为本身即劳务行为的过程,如运输合同;或侧重于劳务行为的结果即提供劳务所完成的劳动成果,如承揽合同。

(3)劳务合同内容的任意性。除法律有强制性规定以外,合同双方当事人完全可以以其自由意志决定合同的内容及相应的条款,就劳务的提供与使用、受益双方意定,内容既可以属于生产、工作中某项专业方面的需要,也可以属于家庭生活。双方签订合同时应依据《合同法》的自愿原则进行。

(4)劳务合同是双务合同、非要式合同。在劳务合同中,一方必须为另一方提供劳务，另一方则必须为提供劳务的当事人支付相应的劳务报酬，故为劳务合同是双务有偿合同。大部分劳务合同为非要式合同，除法律有做特别规定者外。

2.劳动合同与劳务合同的区别

劳动合同与劳务合同是极易混淆的两种合同，两者都是以人的劳动为给付标的的合同。劳动合同依劳动法第16条规定"劳动者与用人单位确立劳动关系,明确双方权利义务的协议"。而劳务合同通常意义上是指雇佣合同。两者有一定的区别：

(1)主体资格不同。劳动合同的主体只能一方是法人或组织,即用人单位,另一方则必须是劳动者个人,劳动合同的主体不能同时都是自然人;劳务合同的主体双方当事人可以同时都是法人、组织、公民,也可以是公民与法人、组织。

(2)主体性质及其关系不同。劳动合同的双方主体间不仅存在财产关系即经济关系,还存在着人身关系,即行政隶属关系。劳动者除提供劳动之外,还要接受用人单位的管理,服从其安排,遵守其规章制度等,成为用人单位的内部职工。但劳务合同的双方主体之间只存在财产关系,即经济关系,彼此之间无从属性,不存在行政隶属关系,劳动者提供劳务服务,用人单位支付劳务报酬,各自独立、地位平等。

(3)主体的待遇不同。劳动关系中的劳动者除获得工资报酬外,还有保险、福利待遇等;而劳务关系中的自然人,一般只获得劳动报酬。

(4)报酬的性质不同。因劳动合同的履行而产生的劳动报酬,具有分配性质,体现按劳分配的原则,不完全和不直接随市场供求情况变动,其支付形式往往特定化为一种持续、定期的工资支付;因劳务合同而取得的劳动报酬,按等价有偿的市场原则支付,完全由双方当事人协商确定,是商品价格的一次性支付,商品价格是与市场的变化直接联系的。

(5)用人单位的义务不同。劳动合同的履行贯穿着国家的干预,为了保护劳动者,《劳动法》给用人单位强制性地规定了许多义务,如必须为劳动者交纳社会保险、用人单位支付劳动者的工资不得低于政府规定的当地最低工资标准等,这些必须履行的法定义务,不得协商变更。劳务合同的雇主一般没有上述义务,当然双方可以约定上述内容,也可以不存在上述内容。

(6)适用的法律不同。劳务合同主要由民法、经济法调整,而劳动合同则由劳动法和劳动合同法规范调整。

(7)受国家干预程度不同。劳动合同的条款及内容,国家常以强制性法律规范来规定。如劳动合同的解除,除双方当事人协商一致外,用人单位解除劳动合同必须符合《劳动法》规定的条件等。劳务合同受国家干预程度低,除违反国家法律、法规的强制性规定外,在合同内容的约定上主要取决于双方当事人的意思自治,由双方当事人自由协商确定。

(8)违反合同产生的法律责任不同。劳动合同不履行、非法履行所产生的责任不仅有民事上的责任,而且还有行政上的责任,如用人单位支付劳动者的工资低于当地的最低工资标准,劳动行政部门责令用人单位限期补足低于标准部分的工资,拒绝支付的,劳动行政部门同时还可以给用人单位警告等行政处分。劳务合同所产生的责任只有民事责任违约责任和侵权责任,不存在行政责任。

(9)纠纷的处理方式不同。劳动合同纠纷发生后,应先到劳动机关的劳动仲裁委员会仲裁,不服的在法定期间内可以到人民法院起诉,劳动仲裁是前置程序;但劳务合同纠纷出现后可以诉讼,也可以经双方当事人协商解决。

（10)劳动力的支配权不同。在劳动合同关系中,劳动力的支配权,归掌握生产资料的用人单位行使,双方形成管理与被管理者的隶属关系;在劳务合同关系中则由劳务提供方自行组织和指挥劳动过程。

3.签订涉外劳务合同的注意事项

在当前情况下,对涉外劳务合同中细节的处理可以尽可能的防范、减少和解决这种涉外劳务纠纷的发生。而这种具体的细节处理主要体现在涉外合同的法律文书之中。在实践中涉外劳务合同应特别注意以下十个内容:劳务人员基本情况:性别、出生年月、籍贯、住址、联系电话

雇主的义务和责任,诸如外劳务人员办理有关签证、居留许可等手续,负责劳务人员的管理、提供住宿、膳食的手续,等等。有义务保障劳工的安全。鉴于以往的经验,需特别注明不能歧视、侮辱、体罚劳工、克扣工资等内容

劳务人员的义务和责任,诸如遵守所在国家法律法规和企业规章制度、遵守社会公德、不消极怠工、不得私自另行兼职和求职。

从事的工种要注明在什么岗位从事什么工作,如电机房的值班电工或大厦照明的维修电工(因为工种不同工资差别很大),工作时间包括聘用期限,应注明从何时起知何时止。每周工作多少天,每天工作多少小时。一般每周至少有一天的休息日。按国际惯例,在节假日,劳务人员应享受所在国家规定的节假日,如所在国国庆、圣诞节等。

工资待遇、津贴、补助,工资标准一般应与所在国等岗位上工作的当地工人持平,通常有I市价为基数,按时、按日或按月计算。亦有以工作量为基数,按件计酬。如果是在工作时间以外加班或上夜班,雇主应付加班费或夜班津贴。窝工应有雇主发给劳务人员基本工资。

劳动保护、劳工人身保险,工作、疾病或死亡处理规定。由于劳务人员所从事的工作性质的不同,劳动保护有其专业特点,合同应规定雇主

必须按所在国有关规定提供符合安全生产的场所和必须发放劳动保护费用或物品。如安全帽、手套、滤光墨镜等。在所在国工作期间,如果发生疾病或工伤,雇主都应提供必要的医疗和购买必要的药物。雇主应给劳务人员购买人生意外保险,使劳如人员在受到意外伤害时能得到及时合理的赔偿,保险费由雇主负担。

外劳人员休假的安排。一般合同期在一年以上者,可享受一定的探亲假期,在假期内,雇主只付工资不付津贴。

劳务合同范本

劳务合同

合同编号:

签订地:××市

签订时间:年月日

用工单位(甲方):×××××××有限公司

法定代表人:

地址:××市××区××大街××××号

派遣单位(乙方):

法定代表人:

地址:

乙方是依法成立的法人单位,具有劳务派遣资质,根据《中华人民共和国劳动法》、《中华人民共和国劳动合同法》等相关法律的规定,甲、乙双方平等协商,就双方劳务派遣事宜签订本合同,以兹共同遵守。

第一条 派遣岗位及工作时间

1.乙方派遣人员岗位:

2.上述岗位劳务人员的工作时间、节假日按《劳动法》及国家相关规定执行。

第二条　人员数量及相关要求

1.乙方向甲方派遣上述岗位劳务人员共计××人。

2.要求:身体健康、初中以上文化、无前科、无劣迹。

第三条　派遣期限

1. 上述劳务人员的派遣期限:自××年××月××日始至年月日止。

2.经甲、乙双方友好协商后,可签订补充协议变更期限。

第四条　报酬、结算方式及依据

1.报酬:

2.结算方式:按月结算。每月 10 日前,甲方通过银行转账支票形式,将上个月度的费用结算付清。

3.报酬支付方式:甲方将上述报酬支付给乙方后,由乙方向工人支付工资,如乙方不按时支付工资,由乙方承担违约责任。

第五条　双方权利义务

1.乙方派遣的劳务人员上岗前必须参加甲方组织的各种培训(含甲方有关规章制度、安全操作规程、岗位要求等),劳务人员必须通过考试并取得上岗资格证书后方能上岗, 培训过程发生的一切费用由乙方承担。

2.甲方负责安排乙方派遣劳务人员的具体工作任务,乙方保证其派遣的劳务人员严格遵守甲方相关规定和要求, 乙方需按照甲方规定的时间完成工作任务,并随时接受甲方的检查和考核。

3.乙方需按照甲方要求为劳务人员配备统一的工装、工具和安检设备,劳务人员在工作时必须按照要求着装。

4.乙方必须派1名人员负责劳务派遣人员的日常管理工作。

5.乙方负责缴纳其派遣的劳务人员的保险费（含国家规定的养老保险、失业保险、医疗保险、工伤保险、生育保险等）、住房公积金、各项津贴，乙方上岗人员出现的一切问题，如工伤或死亡所应支付的抚恤金、丧葬费、医疗费等各种费用，由乙方负责。

6.乙方按季度要把给上岗人员所交的各项费用情况报给甲方。

第六条　违约责任

1.甲方按本合同约定按时支付给乙方劳动报酬，每逾期一天，按工资总额的1%赔偿乙方。

2.乙方如有下列情形之一，由此引起的一切法律、经济责任均由乙方自行承担。

（一）未将本合同的内容告知被派遣的劳务人员；

（二）将甲方按本合同支付的被派遣的劳务人员的劳动报酬和管理费用挪作他用。

3.乙方派遣的劳务人员在工作期间无正当理由不遵守甲方的工作安排、不服从分配或有违章、违纪、违法行为等情形的，甲方有权对其进行批评教育、处罚、辞退，罚金在结算时，从甲方应支付给乙方的劳动报酬中扣除。如因劳务人员违规操作造成甲方设备损坏、发生安全事故及其他经济损失的，乙方负责全部赔偿。

第七条　解除方式

1.经甲、乙双方约定，可协商解除本合同。

2.乙方如有符合本合同6.2.6.3规定的情形，如不能及时给员工足额交纳各类保险等费用，甲方认为情节严重可能会给甲方造成或有损失时，甲方有权单方解除本合同。

第八条 争议解决方式

1.本合同未尽事宜,经双方友好协商,可签订补充协议,补充协议与本合同具同等法律效力。协商不成的,可向××市劳动仲裁委员会提起仲裁。

2.本合同一式肆份,甲、乙双方各执贰份,自甲、乙双方法定代表人(或代表)签字并加盖公章(或合同章)之日起生效。

第九条 其他约定

在甲乙双方劳务合同存续期限内,乙方不得随意变更营业执照。如在甲方不知情的前提下乙方擅自变更营业执照内容,给甲方带来的损失和因此所引起的法律纠纷由乙方负责。

甲方:×××××有限公司(章)   乙方:(章)

代表: 代表:

年 月 日   年 月 日

二十一、劳动仲裁申请书

劳动仲裁申请书是劳动争议一方或双方当事人向劳动仲裁机关,就劳动争议事项提出仲裁请求的法律文书,也是劳动仲裁机关立案的依据和凭证。

劳动争议当事人认为自己的权利受到侵害,需要向仲裁机关提出申诉,要求劳动仲裁机关予以维护时,就应提供劳动仲裁申请书。

1.劳动仲裁的法律依据。劳动仲裁的法律依据主要是《中华人民共和国劳动法》、《中华人民共和国劳动合同法》、《中华人民共和国劳动争议调解仲裁法》。

2.劳动仲裁的受理范围。辖区内的企业、个体经济组织、民办非企业单位与招用的劳动者之间发生的劳动争议;国家机关、事业单位、社会团体与建立劳动关系的劳动者之间发生的劳动争议。

3.受理劳动争议的事项。

①因确认劳动关系发生的争议;②因订立、履行、变更、解除和终止劳动合同发生的争议;③因除名、辞退和辞职、离职发生的争议;④因工作时间、休息休假、社会保险、福利、培训以及劳动保护发生的争议;⑤因劳动报酬、工伤医疗费、经济补偿或者赔偿金等发生的争议;⑥法律、法规规定的其他劳动争议。

4.申请劳动仲裁应提交的材料。①向劳动争议仲裁委员会递交《劳动争议仲裁申请书》一式两份,内容包括:A.劳动者的姓名、性别、出生年月、民族、住址、联系电话。B.用人单位的名称、单位地址、法定代表人姓名、职务。C.仲裁请求和所根据的事实、理由。D.证据和证据来源、证人姓名和住所。E.致送单位名称。②递交《劳动争议仲裁申请书》的同时,向劳动仲裁委员会递交下列材料:A.身份证复印件一份;B.劳动关系相关证明;其他证明材料。C.申请人系用人单位的,交企业法人营业执照复印件;法定代表人身份证明;D.有委托代理人的,提交授权委托书。委托代理人系律师的提交律师事务所公函;代理人系公民的,提交代理人身份证复印件。

5.劳动仲裁的受理和仲裁程序

①递交劳动仲裁申请书及相关证据;

②申请书符合要求的,仲裁委员会自收到申请书之日起5日内做出受理或者不予受理的决定。仲裁委员会决定受理的,自做出决定之日

起5日内将申请书副本送达被申请人，并组成仲裁庭；决定不予受理的，说明理由，申请人可以就该劳动争议事项向人民法院提起诉讼。

③被申请人收到仲裁申请书副本后，应当在10日内向劳动争议仲裁委员会提交答辩书。被申请人未提交答辩书的，不影响仲裁程序的进行。当事人对自己提出的主张，有责任提供证据。与争议事项有关的证据属于用人单位掌握管理的，用人单位应当在指定期限内提供。用人单位不提供的，应当承担不利后果。

④劳动争议仲裁公开进行，但当事人协议不公开进行或者涉及国家秘密、商业秘密和个人隐私的除外。仲裁庭在开庭五日前，将开庭日期、地点书面通知双方当事人。当事人有正当理由的，可以在开庭三日前请求延期开庭。是否延期，由劳动争议仲裁委员会决定。

⑤当事人接到通知，无正当理由拒不到庭的，或未经仲裁庭同意中途退庭的，对申请人按照撤回申请处理，对被申请人可以缺席裁决。

⑥仲裁庭处理劳动争议应当先行调解，在查明事实的基础上促使当事人双方自愿达成协议，并将协议内容制作调解书，调解书经双方当事人签收后，发生法律效力。调解不成或者调解书送达前，一方当事人反悔的，仲裁庭应当及时作出裁决。

⑦仲裁庭裁决劳动争议案件，应当自劳动争议仲裁委员会受理仲裁申请之日起45日内结束。案情复杂需要延期的，经批准可以延期，但是延长期限不得超过15日。逾期未作出仲裁裁决的，当事人可以就该劳动争议事项向人民法院提起诉讼。

⑧仲裁庭做出裁决前，申请人撤回仲裁申请的，仲裁庭经审查后，认为其撤回申请成立的，向双方当事人发出《准了撤回申请决定书》；但被申请人提出反申请的，不影响反申请的审理。

6.劳动仲裁当事人的权利义务。当事人在仲裁活动中享有以下权利：

（1）有申请、答辩、变更、撤回仲裁申请的权利；

（2）有委托代理人代为参加仲裁活动的权利；

（3）有申请有关人员回避的权利；

（4）有请求传唤证人，请求鉴定和勘验的权利；

（5）对未发生法律效力的裁决，有向人民法院提起诉讼的权利；

（6）对已发生法律效力的调解书、裁决书，对方当事人不履行的，有请求人民法院强制执行的权利。

当事人在仲裁活动中应履行以下义务：

（1）有遵守劳动仲裁程序和仲裁纪律的义务；

（2）有提供证人、证据的义务；

（3）有如实陈述案情，回答仲裁员询问的义务；

（4）有承担履行生效的裁决书、调解书的义务。

7.劳动仲裁庭的仲裁纪律。当事人及其委托代理人、有关人员、旁听人员应遵守下列仲裁庭纪律：

（1）未经允许，不得录音、录像和摄影；

（2）不得随意走动，不得鼓掌、喧哗、哄闹和实施其他妨害仲裁活动的行为；

（3）不经仲裁庭允许不得发言、提问；

（4）关闭随身携带的寻呼机和手机等通信工具；

（5）不得吸烟。

对违反仲裁庭纪律的人，由仲裁员劝告制止，不听劝告的，视其情节轻重，给予训诫，责令退出仲裁庭。对于违反仲裁庭纪律的当事人或代理人，情节严重的，申请人按撤回申请处理；被申请人责令其退出仲裁庭，做缺席仲裁。构成犯罪的，建议司法机关追究其法律责任。

8.劳动仲裁裁决书的效力。普通裁决:当事人对劳动争议案件的仲裁裁决不服的,可以自收到仲裁裁决书之日起十五日内向人民法院提起诉讼;期满不起诉的,裁决书发生法律效力。

终局裁决:因追索劳动报酬、工伤医疗费、经济补偿或赔偿金,不超过当地月最低工资标准12个月金额的争议;以及因执行国家劳动标准在工作时间、休息休假、社会保险等方面发生的劳动争议案件的裁决,在法定期限内劳动者不向法院提起诉讼、用人单位向法院提起撤销仲裁裁决的申请被驳回的情况下,仲裁裁决为终局裁决,裁决书自作出之日起发生法律效力。仲裁裁决被人民法院裁定撤销的,当事人可以自收到裁定书之日起15日内就该劳动争议事项向人民法院提起诉讼。

劳动仲裁调解书:调解达成协议的,仲裁庭制作调解书,调解书经双方当事人签收后,发生法律效力。

劳动仲裁裁决的执行:当事人对发生法律效力的调解书、裁决书,应当依照规定的期限履行。一方当事人逾期不履行的,另一方当事人可以依照民事诉讼法的有关规定向人民法院申请执行。

9.劳动仲裁申请书的内容

(1)要写明申请方、被申请方的基本情况,如:姓名(企业一方除写企业名称外,还要写法定代表人)、性别、出生年月、民族、身份证号码、工作单位、单位地址、家庭地址、电话等。

(2)写明申请事项。也就是你想主张的事项。比如,支付拖欠工资、支付经济补偿金、未签订劳动合同的双倍工资等。

(3)写明事实和理由,应叙述双方发生劳动争议的时间、地点、原因、事件、方式、手段和后果等,特别是要把引发双方发生劳动争议的关键性事实客观地交代清楚。还有何时入职、做什么工作、约定工资。应叙述的全面而又简洁。

（4）然后写结束语和呈文对象。"特向贵委提出申请，请求依法裁决"、"此致×××县（市）劳动争议仲裁委员会"等。

（5）最后落款，即申请人姓名和日期，并且手写签名按上手印。

10.劳仲裁申请书的注意事项。

（1）为防止遗漏应主张的合法权益或表述不清楚影响胜诉，建议请专业人士代笔。

（2）如果劳动关系是劳务派遣性质，当劳动者申请仲裁时，请注意被申请人应是两个主体，一是派遣单位，派遣单位是劳动合同的用人单位，二是实际提供劳动的法人。如果实际提供劳务的主体是个人，则只列派遣单位为被申请人。

（3）劳动仲裁的时效为一年，请注意在时效内申请。

劳动仲裁申请书的格式

劳动仲裁申请书

申请人：（姓名，性别，出生年月，民族，住址，联系电话）

被申请人：（单位全称，住所地）

法定代表人（或主要负责人）：姓名，性别，工作单位，职务，联系电话

仲裁请求：

1.

2.

事实与理由：

（证据和证据来源，证人姓名和住址）

此致

×××劳动争议仲裁委员会

申请人:(姓名)

年　月　日

附:1.副本××份;

　　2.物证××件;

　　3.书证××件。

注:1.劳动争议仲裁申请书下载打印必须使用 A4 纸,文末的落款应为申请人的亲笔签名或盖章。2.仲裁请求应逐项写明具体要求,有金钱给付请求的应有明确金额。3.副本份数,应按被申请人数提交。4。本申请书适用于劳动者申请仲裁,用人单位申请的自行制作。

劳动仲裁申请书的范文

劳动仲裁申请书范文(劳动者申请)

申请人:×××,男,汉族,1×××年××月××日出生,现住×××市×××区×××路×××号。联系电话:×××××××××。

被申请人:××有限公司,住所地:××市××区×××路×××号。电话:×××。

法定代表人:×××职务:×××

请求事项:

一、裁决被申请人向申请人支付解除劳动合同经济补偿金 5200 元(月平均工资 2600 元×2)。

二、裁决被诉人向申请人支付 2008 年 6 月至 2010 年 6 月加班费共 54455.15 元,其中:1.延时工作时间加班费 18670.34 元及 25%的经济补偿金 4667.58 元;2 休息日加班费 24893.79 元及 25%的经济补偿金 6223.44 元;以上二项合计:×××元。

事实与理由:

申请人于 1995 年 10 月进入被诉人单位工作,任司机一职至今。2007 年 12 月 28 日,双方签订了无固定期限劳动合同,约定申请人为总务部司机,约定申请人正常工作时间月工资为 700 元,每日工作 8 小时、每周工作 5 天。但事实上,被申请人要求我除每周正常工作 5 天外,星期六、日还要求我随时出车,平均每月星期六、日 3 天以上(公司出车均有打卡记录,由公司保管,请仲裁庭要求被申请人提供我的 2008 年 6 月至 2010 年 6 月间的考勤记录)。另外,休息日也是随时出车加班,我早上 6 时 30 分出车接送公司员工上班,直到 18 时 10 分接公司员工下班,送完员工需要到 20 时,除去中午吃饭和休息时间 1 个小时、平均每日延长工作 3 个小时以上,同时,非星期一至五晚上随时候命出车加班,具体时间以公司保管的打卡记录为准。我为被申请人加班,但被申请人却没有按《劳动法》的规定给我安排补休,也没有按规定为我支付加班费。从被申请人发给我的工资条可以看出,我的加班时数、加班工资均为零,按照双方劳动合同约定的月工资 940 元(2008 年 7 月 1 日双方协商将我的合同工资变更为 940 元)为基数计算,2008 年 6 月至 2010 年 6 月间,被申请人拖欠我延时工作时间加班费 18670.34 元(940 元 /21.75×1.5 倍×3 个小时×4 周×12 个月×2 年)未付、拖欠我休息日工作时间加班费 24893.79 元(940 元 /21.75×2 倍×8 个小时×3 天×12 个月×2 年)未付。为此,我多次找被申请人领导协商要求支付,被申请人均予以拒绝。被申请人的行为严重违反了《劳动法》和《劳动合同法》的规定,根据《中华人民共和国劳动合同法》第 38 条第 2 项和 46 条第 1 项的规定,我于××年××月××日以被申请人"未及时足额支付劳动报酬"为由向被申请人提出了解除劳动合同关系,由于被申请人拒绝支付我的加班费和经济补偿金,为维护申请人的合法权益,特向贵会申请仲裁,请求仲裁委在查明事实的基础上支付我的仲裁请求,依法裁决。

　　此致
　　××市劳动争议仲裁委员会

申请人:×××(签名)

年　月　日

第四章 行政类法律文书

二十二、行政复议申请书

1.行政复议申请书概念。行政复议申请书是作为行政管理相对人的公民、法人或者其他组织,因行政机关的具体行政行为直接侵犯其合法权益而向有管辖权的行政机关申请复议时提交的,据以引起行政复议程序发生的法律文书。

行政复议申请是公民、法人或者其他组织认为行政机关和行政机关工作人员的具体行政行为侵犯其合法权益而依法请求行政复议机关对该具体行政行为进行审查并作出裁决,以保护自己合法权益的一种意思表示。由于行政复议实行不告不理原则,即行政相对人不申请复议,复议机关不能主动进行复议,因而行政相对人的复议申请是行政复议的前提和基础。

2.行政复议的申请条件。根据《中华人民共和国行政复议法》(以下简称《行政复议法》)的规定,提起行政复议申请应符合下列条件:

(1)申请人应当是认为具体行政行为直接侵犯其合法权益的公民、法人或者其他组织。

(2)应当有明确的被申请人。

(3)应当有具体的复议请求和事实依据。

(4)应当属于《行政复议法》规定的行政复议受理范围。

(5)应当在法定期限内申请复议。

根据《行政复议法》第11条的规定，申请人申请行政复议可以采用书面形式也可以采用口头形式。采用书面形式的，应当向复议机关提交行政复议申请书。复议机关经审查认为符合条件的予以受理，行政复议程序正式启动。

3.行政复议机关。行政复议机关是指依照法律的规定，有权受理行政复议申请，依法对具体行政行为进行审查并作出裁决的行政机关。这种组织的特征是：第一，行政复议机关是行政机关；第二，行政复议机关是有权行使行政复议权的行政机关；第三，行政复议机关是能以自己的名义行使行政复议权，并对行为后果独立承担法律责任的行政机关。如各级人民政府、各级政府的组成部门包括公安、司法、海关。工商管理、教育、卫生等部门，都可以作为行政复议机关。

哪些行政机关可以作为行政复议机关，也就是具体行政复议案件由哪个行政机关管辖，按照行政复议法规定，

一是向作出具体行政行为的行政机关的上一级地方人民政府申请行政复议。

二是作出具体行政行为的是县级以上地方各级人民政府工作部门的，当事人可以作出选择，可以向该部门的本级人民政府申请行政复议，也可以向上一级主管部门申请行政复议。比如，要对县公安局的决定申请行政复议，当事人可以找县政府，也可以找上一级公安部门。

三是对国务院部门或者省、自治区、直辖市人民政府的具体行政行为不服的，向作出该具体行政行为的国务院部门或者省、自治区、直辖市人民政府申请行政复议；对行政复议决定不服的，当事人可以作出选择，可以依法向人民法院提起行政诉讼；也可以向国务院申请裁决，由

国务院依法作出最终裁决。

四是对海关、金融、国税、外汇管理等实行垂直领导的行政机关和国家安全机关的具体行政行为不服的，向其上一级主管部门申请行政复议。

另外，行政复议法还对几种情况作出特别规定：对法律、法规授权的组织的具体行政行为不服的，分别向直接管理该组织的地方人民政府、地方人民政府工作部门或者国务院部门申请行政复议；对两个以上行政机关以共同的名义作出的具体行政行为不服的，向其共同上一级行政机关申请行政复议；对被撤销的行政机关在撤销前所作出的具体行政行为不服的，向继续行使其职权的行政机关的上一级行政机关申请行政复议。

4.行政复议程序。行政复议程序是行政复议申请人向行政复议机关申请行政复议至行政复议机关作出复议决定的各项步骤、形式、顺序和时限的总和。行政复议程序是行政复议行为的重要环节，也是行政复议合法、高效进行的重要保证。

行政复议的具体程序分为申请，受理、审理、决定四个步骤：

（1）申请

①申请时效。申请人申请行政复议，应当在知道被申请人行政行为作出之日起 60 日内提出（法律另有规定的除外）。因不可抗力或者其他正当理由耽误法定申请期限的，申请期限自障碍消除之日起继续计算。

②申请条件。第一，申请人是认为行政行为侵犯其合法权益的相对人；第二，有明确的被申请人；第三有具体的复议请求和事实根据；第四，属于依法可申请行政复议的范围；第五，相应行政复议申请属于受理行政复议机关管辖；第六，符合法律法规规定的其他条件。

③申请方式。申请人申请行政复议，可以书面申请，也可以口头申请；口头申请的，行政复议机关应当当场记录申请人的基本情况、行政复议请求、申请行政复议的主要事实、理由和时间。

④行政复议申请书。申请人采取书面方式向行政复议机关申请行政复议时,所递交的行政复议申请书应当载明下列内容:第一,申请人如为公民,则为公民的姓名、性别、年龄、职业、住址等。申请人如为法人或者其他组织,则为法人或者组织的名称、地址、法定代表人的姓名;第二,被申请人的名称、地址;第三,申请行政复议的理由和要求;第四,提出复议申请的日期。

(2)受理

行政复议机关收到行政复议申请后,应当在 5 日内进行审查,对不符合行政复议法规定的行政复议申请,决定不予受理,并书面告知申请人;对符合行政复议法规定,但是不属于本机关受理的行政复议申请,应当告知申请人向有关行政复议机关提出。除上述规定外,行政复议申请自行政复议机构收到之日起即为受理。公民、法人或者其他组织依法提出行政复议申请,行政复议机关无正当理由不予受理的,上级行政机关应当责令其受理;必要时,上级行政机关也可以直接受理。

(3)审理

①审理行政复议案件的准备。第一,送达行政复议书副本,并限期提出书面答复。行政复议机构应当自行政复议申请受理之日起 7 日内,将行政复议申请书副本或者行政复议申请笔录复印件发送被申请人。被申请人应当自收到申请书副本或者行政复议申请笔录复印件之日起 10 日内,向行政复议机关提出书面答复,并提交当初作出具体行政行为的证据、依据和其他有关材料。第二,审阅复议案件有关材料。行政复议机构应当着重审阅复议申请书、被申请人作出具体行政行为的书面材料(如农业行政处罚决定书等)、被申请人作出具体行政行为所依据的事实和证据、被申请人的书面答复。第三,调查取证,收集证据。第四,通知符合条件的人参加复议活动。第五,确定复议案件的审理方式。行政复议原则上采取书面审查的办法,但是申请人提出要求或者行政复议机构认为有必要时,可以向有关组织和个人调查情况,听取申请人、

被申请人和第三人的意见。

②行政复议期间原具体行政行为的效力。根据《行政复议法》的规定,行政复议期间原具体行政行为不停止执行。这是符合行政效力先定原则的,行政行为一旦作出,即推定为合法,对行政机关和相对人都有拘束力。但为了防止和纠正因具体行政行为违法给相对人造成不可挽回的损失,《行政复议法》规定有下列情形之一的,可以停止执行:第一,被申请人认为需要停止执行的;第二,行政复议机关认为需要停止执行的;第三,申请人申请停止执行,行政复议机关认为其要求合理,决定停止执行的;第四,法律规定停止执行的。

③复议申请的撤回。在复议申请受理之后、行政复议决定作出之前,申请人基于某种考虑主动要求撤回复议申请的,经向行政复议机关说明理由,可以撤回。撤回行政复议申请的,行政复议终止。

(4)决定。

①复议决定作出时限。行政复议机关应当自受理行政复议申请之日起60日内作出行政复议决定;但是法律规定的行政复议期限少于60日的除外。情况复杂,不能在规定期限内作出行政复议决定的,经行政复议机关的负责人批准,可以适当延长,并告知申请人和被申请人;但是延长期限最多不超过30日。

②复议决定的种类。第一,决定维持具体行政行为。具体行政行为认定事实清楚,证据确凿,适用依据正确,程序合法,内容适当的,决定维持。第二,决定撤销、变更或者确认原具体行政行为违法。有两种情况:一是认为原行政行为认定的主要事实不清,证据不足,适用依据错误,违反法定程序,越权或者滥用职权,具体行政行为明显不当的,决定撤销、变更或者确认该具体行政行为违法。二是被申请人不依法提出书面答复、提交当初作出具体行政行为的证据、依据和其他有关材料的,决定撤销。第三,决定被申请人在一定期限内履行法定职责。有两种情况:一是拒绝履行。被申请人在法定期限内明确表示不履行法定职责

的,责令其在一定期限内履行。二是拖延履行。被申请人在法定期限内既不履行,也不明确表示履行的,责令其在一定期限内履行。第四,决定被申请人在一定期限内重新作出具体行政行为。决定撤消或者确认该具体行政行为违法的,责令被申请人在一定期限内重新作出具体行政行为。第五,决定赔偿。行政复议机关在依法决定撤消、变更或者确认该具体行政行为违法时,申请人提出赔偿要求的,应当同时决定被申请人依法给予赔偿。第六,决定返还财产或者解除对财产的强制措施。行政复议机关在依法决定撤销或者变更罚款,撤销违法集资、没收财物、征收财物、摊派费用以及对财产的查封、扣押、冻结等具体行政行为时,应当同时责令被申请人返还财产,解除对财产的查封、扣押、冻结措施,或者赔偿相应的价款。

③对抽象行政行为的处理。申请人在申请行政复议时,对作出具体行政行为所依据的有关规定提出审查申请,或者行政复议机关认为具体行政行为依据不合法的,行政复议机关可依法作出:有权处理的,应当在 30 日内依法处理;无权处理的,应当在 7 日内按照法定程序转送有权处理的国家机关依法处理。

④行政复议决定书的制作。行政复议机关作出行政复议决定,应当制作行政复议决定书。行政复议决定书应载明下列事项:第一,申请人的姓名、性别、年龄、职业、住址(申请人为法人或者其他组织者,则为法人或者组织的名称、地址、法定代表人姓名)。第二,被申请人的名称、地址、法定代表人的姓名、职务。第三,申请行政复议的主要请求和理由。第四,行政复议机关认定的事实、理由,适用的法律、法规、规章和具有普遍约束力的决定、命令。第五,行政复议结论。第六,不服行政复议决定向法院起诉的期限(如为终局行政复议决定,则为当事人履行的期限)。第七,作出行政复议决定的年、月、日。第八,行政复议决定书由行政复议机关的法定代表人署名,加盖行政复议机关的印章。行政复议决定书一经送达,即发生法律效力。除法律规定的终局行政复议决定外,

申请人对行政复议决定不服,可以在收到行政复议决定书之日起15日内,或法律法规规定的其他期限内,向人民法院提起行政诉讼。申请人逾期不起诉,又不履行行政复议决定的,对于维持具体行政行为的行政复议决定,由被申请人依法强制执行或者申请人民法院强制执行;对于变更具体行政行为的行政复议决定,由行政复议机关依法强制执行或者申请人民法院强制执行。被申请人不履行或者无正当理由拖延履行行政复议决定的,行政复议机关或者有关上级行政机关应当责令其限期履行,对直接负责的主管人员和其他直接责任人员依法给予警告、记过、记大过的行政处分;经责令履行仍拒不履行的,依法给予降级、撤职、开除的行政处分。

(5)行政复议申请书制作

①行政复议申请书的首部应写明申请人和被申请人的基本情况。

申请人是自然人的,应写明姓名、性别、年龄、职业、住址、联系电话等;申请人是法人或者其他组织,应写明全称、地址、法定代表人的姓名、职务及联系电话等。有共同申请人的,应将每一申请人的基本情况分别写明。有权申请复议的公民为无行为能力或者限制行为能力人的,应写明其法定代理人的基本情况。委托律师代为申请复议的,应写明代理律师的姓名及其所在律师事务所的名称。被申请人的基本情况包括被申请人的名称和详细地址等。

②复议书中应写明申请人知道行政机关作出具体行政行为的日期和争议的具体行政行为。争议的具体行政行为应参照行政复议法有关规定中的分类写,如拘留决定、查封货物决定、不颁发卫生许可决定等。

③写明申请复议的目的、要求。即明确提出撤销或者变更或者在一定期限内履行具体行政行为,如:撤销卫生防疫站×字第×号罚款5千元的处罚决定、变更税务局×字第×号罚款1万元的处罚决定。

④事实与理由是行政复议申请书的核心部分,这部分应写明三方面的内容:A.事实。应客观地陈述引起具体行政行为的全部案件事实,

指出被申请人作出具体行政行为时所认定的事实与客观情况不符。B.证据。为证明所陈述的事实,应列举出有关的书证、物证、证人证言以及其他证据材料,有证人的应写明证人的姓名、职业和住址。C.理由。应在概括事实的基础上,授引有关法律、法规、规章,经过推理,论证复议请求的合法性。

⑤复议申请书的尾部应写明致送的复议机关名称,由申请人签名或盖章并注明申请日期。

⑥附项中应写明提交的申请书副本的份数和证据的份数。

行政复议申请书格式

行政复议申请书

申请人:姓名、性别、年龄、职业、地址(法人或者其他组织的名称、地址、法定代表人的姓名、职务。)

被申请人:名称、地址、法定代表人姓名、职务。

申请人因不服被申请人 _____ 年 _____ 月 _____ 日作出的 _____ 具体行政行为,向 _____ 机关提出复议申请,要求 _____。

事实及理由:

此致

(受理复议申请的行政机关)

申请人:(签名或盖章)

年月日

附:1. 申请书副本 _____ 份;

　　2. 证据 _____ 份。

行政复议申请书范文

行政复议申请书

申请人：支××，男，56岁，汉族，××省××县××乡农民，住××县××乡××村。

被申请人：××省××县税务所

地址：××省××县××乡××街×号

法定代表人：孙××　职务：所长

申请人因不服××省××县××乡税务所×字（××）第×号杭税处决定，特向××县税务局申请复议。请求撤销×字（××）第×号抗税处罚决定。

事实与理由：

申请人系××县××乡农民。××乡有一座16门砖瓦窑场，为乡办集体所有制企业。××年，乡人民政府与该乡农民付××签订了承包经营合同，合同规定：乡政府为甲方，付××为乙方。甲方将砖瓦窑场发包给乙方，并提供厂房、场地、制砖机械；乙方负责经营管理，承担企业应缴纳的税金，向甲方上缴承包金额1万元；承包期1年，自××年1月起至当年12月底止。付××承包后，又以发包方身份，与申请人签订了制砖承包合同。合同规定：付××为甲方，申请人为乙方，承包期限1年；甲方提供厂房、机械等设备和投资并承担应缴纳的税金，乙方为甲方生产砖成品209万块，并负责支付购置柴油、煤等燃料和工具修理的费用以及工人工资；甲方分取30%的售砖款，乙方分取70%的售砖款。合同生效后，申请人即进行生产，合同履行了8个月，申请人生产成品砖68万块。××年×月××乡税务所通知申请人缴纳企业所得税。申请人申明按合同规定应由甲方付××缴纳税金,但是税务所认为税金应由申请人缴纳,坚持向其征收,为此双方发生争议。因申请人坚持税金应由付××缴纳,税务所便于××年11月×日派人到砖瓦窑场,要拉走6万块砖以物折抵税款。由于申请人和工人阻拦,砖未被拉走。××年12月×日,××乡税务所作出×字(××)第×号抗税处罚决定,以抗税为由对申请人处以3000元罚款。申请人不服上述处罚决定,理由如下:

××乡砖瓦窑场本属集体所有制性质的乡镇企业,该企业××年实行承包后,承包合同中明确规定由承包人付××负担税金。付××后来虽将制砖生产指标又转包给申请人,但合同中已明确约定由砖窑场的原承包人付××负担税金。并且在申请人制砖期间,窑场的产品销售、财务收支等生产经营管理权仍由付××行使。因而依照《中华人民共和国企业所得税暂行条例》规定及承包合同的约定,申请人并非纳税义务人,不应承担缴纳企业所得税的义务,不缴纳税款并不属于抗税行为。

综上所述,被申请人的处罚决定是错误的,极大地损害了申请人的合法权益,申请人特依照《中华人民共和国行政复议法》申请复议,请求复议机关撤销被申请人的×字(×)第×号抗税处罚决定,以维护申请人的合法权益。

此致
××县税务局

申请人_____支××

20××年×月×日

　　附:1.申请书附本1份;

　　　　2.证据材料2份。

二十三、行政诉讼起诉书

　　行政诉讼是个人、法人或其他组织认为国家机关作出的行政行为侵犯其合法权益而向法院提起的诉讼。

　　1.行政诉讼和行政复议的区别。

　　(1)二者受理的机关不同。行政诉讼由法院受理;行政复议由行政机关受理。一般由原行政机关的上级机关受理,特殊情况下,由本级行政机关受理。

　　(2)二者解决争议的性质不同。人民法院处理行政诉讼案件属于司法行为,适用行政诉讼法;行政机关处理行政争议属于行政行为的范围,应当适用行政复议法。

　　(3)二者适用的程序不同。行政复议适用行政复议程序,而行政诉讼适用行政诉讼程序。行政复议程序简便、迅速、廉价,但公正性有限;行政诉讼程序复杂且需要更多的成本,但公正的可靠性大。行政复议实行一裁终局制度;而行政诉讼实行二审终审制度等。

　　(4)二者的审查强度不同。根据《行政诉讼法》的规定,原则上法院只能对行政主体行为的合法性进行审查;而根据《行政复议法》的规定,行政复议机关可以对行政主体行为的合法性和适当性进行审查。

　　(5)二者的受理和审查范围不同。《行政诉讼法》和《行政复议法》对于受理范围均做了比较详细的规定。从列举事项来看,《行政复议法》的受案范围要广于《行政诉讼法》。此外,《行政复议法》还规定对国务院的规定、县级以上地方各级人民政府及其工作部门的规定、乡镇人民政府的规定等规范性文件可以一并向行政复议机关提出审查申请。

行政复议与行政诉讼是两种不同性质的监督,且各有所长,不能互相取代。因此,现代国家一般都同时创设这两种制度。在具体的制度设计上,或将行政复议作为行政诉讼的前置阶段;或由当事人选择救济途径,或在当事人选择复议救济途径之后,仍允许其提起行政诉讼

2.行政诉讼案件的受案范围。

行政处罚、行政强制措施、行政征收、行政许可、行政给付等8类侵犯相对人人身权和财产权的具体行政行为属于行政诉讼的受案范围。受理事项:①对拘留、罚款、吊销许可证和执照、责令停产停业、没收财产等行政处罚不服的。②对限制人身自由或者对财产的查封、扣押、冻结等行政强制措施不服的。③认为法律机关侵犯法律规定的经营自主权的。④认为符合法定条件申请行政机关颁发许可证和执照,行政机关拒绝颁发或者不予答复的。⑤申请行政机关保护人身权、财产权的法定职责,行政机关拒绝履行或者不予答复的。⑥认为行政机关没有依法发给抚恤金的。⑦认为行政机关违法要求履行义务的。⑧认为行政机关侵犯其他人身权、财产权的。除上述规定外,人民法院受理法律、法规规定可以提起诉讼的其他行政案件。

而侵犯相对人人身权、财产权之外的权益的具体行政行为则不属于行政诉讼的受案范围,除非法律、法规作出了特别规定。行政诉讼的排除范围,是指哪些行政行为不可诉、不属于人民法院受案范围。根据《行政诉讼法》及《若干解释》的有关条文规定,下列九种行为不属于人民法院的受案范围。

(1)关于国防、外交等国家行为

国家行为,是指国务院、中央军事委员会、国防部、外交部等根据宪法和法律的授权,以国家的名义实施的有关国防和外交事务的行为,以及经宪法和法律授权的国家机关宣布紧急状态、实施戒严和总动员等行为。

（2）抽象行政行为

《若干解释》第3条对抽象行政行为作了解释："行政诉讼法第12条第（二）项规定的'具有普遍约束力的决定、命令'，是指行政机关针对不特定对象发布的能反复适用的行政规范性文件。"

（3）内部行政行为

《若干解释》第4条对内部行政行为作了解释："行政诉讼法第12条第（三）项规定的'对行政机关工作人员的奖惩、任免等决定'，是指行政机关作出的涉及该行政机关公务员权利义务的决定。"

（4）终局行政行为

终局行政行为是指法律规定由行政机关最终裁决的具体行政行为。

（5）公安、国家安全等机关依照刑事诉讼法的明确授权实施的行为。

（6）民事调解行为和民事仲裁行为。

（7）行政指导行为。

（8）重复处理行为。

（9）对行政相对人的权利义务不产生实际影响的行为。

3.行政起诉状的含义。行政起诉状是行政机关或行政机关工作人员的具体行为所涉及的公民、法人或者其他组织向人民法院递交的，请求人民法院对该行政行为是否合法予以裁决，用以保护当事人合法权益的行政诉讼文书。

撰写行政起诉状，是《行政诉讼法》赋予公民的一种权力。原告被国家行政机关或其工作人员的具体行政行为侵犯之后，为了维护合法权益，可以向人民法院提起诉讼。对受理行政诉讼的人民法院来说，起诉状是引起行政诉讼程序的根据，并成为审判结论的重要依据。

4.行政起诉状的特点

（1）起因的单一性。行政起诉引起争议的对象是专指国家行政机关或其工作人员的具体行政行为，其他的不能提起行政诉讼。

（2）起诉权的专属性。起诉人，即原告是专指受国家行政机关或其工作人员具体行政行为侵害的公民、法人或其他组织,被告的国家行政机关不能提出起诉。

(3)起诉程序的规范性。行政诉讼的起诉有两种程序:一种是申请行政复议,对复议决定不服才向人民法院起诉;另一种是原告直接向人民法院起诉。

5.行政诉讼状的结构形式。(1)标题。写明行政起诉状。(2)首部。必须分别写明原告和被告的有关情况。原告要写明姓名、性别、年龄、民族、籍贯、地址等情况,由于人民法院受理行政诉讼案有管辖的范围,被告栏要写明被告机关或组织的全称、地址,以及其法定代表人或负责人的姓名、职务。(3)正文。正文是行政起诉状的核心内容,其具体内容和写法另作论述。(4)尾部。包括附项和落款。要写明起诉人的姓名、日期,在附项中写明本诉状副本份数。

6.正文的内容及写法

正文内容包括三项:诉讼请求,事实与理由,证据和证据来源和证人姓名和地址。

(1)诉讼请求。诉讼请求是正文的第一项内容,即是原告提起行政诉讼要解决的问题,要达到的目的。根据行政案件的特点,原告所提出的诉讼请求主要有:部分或全部撤销处罚决定;变更处罚决定;提出赔偿损失等。如例文一,诉讼请求有两个:撤销被告发出的治安管理处罚裁决书;责令被告履行保护人身权、财产权的法定职责。

诉讼请求要表述明确、具体。原告可以针对被告具体行政行为的性质以及自己的权益受损害的程度,依法提出恰如其分的请求。

(2)事实与理由。这部分要写清楚提出诉讼请求的事实根据和法律依据。

事实是人民法院审理案件的依据,起诉状必须写明被告侵犯起诉人合法权益的事实经过、原因及造成的结果,指出行政争议的焦点。如果是经过行政复议后不服提出起诉的,还要写清楚复议行政机关作出复议决定过程和结果。

理由是在叙述事实的基础上,依据法律法规进行分析,论证诉讼请求合理合法。例如,对被告侵犯起诉人人身权和财产权的案件,原告要着重论述被告实施的具体行政行为所依据的事实不真实、证据不充分;或者违反了法定程序,所适用的法律有错误;或者被告纯属超越职权范围、滥用职权的行为;或者该行政处罚过重,侵害了原告正当权益等。其理由应根据案件的不同而有所侧重,但引用法律、法规条文必须准确,理由务必充分。

(3)证据和证据来源、证人姓名和住址。这部分内容要求原告就诉讼请求、列举的事实、阐述的理由所举之证据,应当详细、分明,以便人民法院在办案过程中核对查实。

行政起诉状格式

行政诉讼起诉书

原告:

被告:

案由:××××××行政争议案

诉讼请求:撤销××××××行政复议决定

事实与理由:(写明双方争议的有关情况和不服行政决定的理由和依据)

综上所述,被告所做出的行政决定,违反法律规定,侵害了原告的合法权益,根据法律和行政法规的规定,特向贵院提出撤销(或者变更)该决定,请求法院依法处理。

此致

×××××××××人民法院

起诉人:(签字盖章)

年　月　日

行政案件起诉状范文

原告:黄××,男,××年××月出生,汉族。××人,系××省××市××厂干部,现住××省××市××区××街××号。

被告:××省××市土地管理局，地址:××市××区××街××号,诉讼请求事项:

一、撤销××市土地管理局的(1991)行处字第××号行政处罚决定;

二、根据事实和法律,正确裁决。

事实和理由:

××市土地管理局做出的（1991）行处字第××号行政处罚决定(以下简称《决定》)是错误决定。这个《决定》不尊重客观事实,并且错误地援引了法律条款,因此应予撤销。理由如下:

一、《决定》认为,原告"没办土地审批划拨手续就施工是违法的。触犯了土地管理法第11条之规定",并据此作为处罚决定的主要理由。原告认为,这种认定是虚假的,不客观的。原告于1989年9月20日开始逐级向各级政府主管部门申请翻建住宅楼(见附件1),面积为300平方米。1989年10月17日,×街道办事处已签批(见附件2)。1990年3月1日,×市城建规划处签发建房通知单(见附件3)。据此,原告动工翻建住宅楼,并于同年8月竣工。竣工后,由城规划处按建房通知单验收。验收合格后,于同月15日发放了第×号建筑许可证(见附件4)。

原告认为,上述审批手续合法。城建规划处代表政府行使权力。其审批是有效的,合法的。据查,原告建房期间以及建房之前的审批工作,都由城建规划处负责。这是政府赋予的权利,其他单位和部门,无权干预。原告手持城建规划处的合法批文,并按建房通知单划定的范围施工建房,怎么会被认为"没有土地审批划拨手续"呢？违法又从何谈起呢？是城建规划处的批文违法,还是原告没按批文施工而违法？

二、《决定》本身自相矛盾,适用法律条款不当。《决定》第一自然段,清楚地说明了原告经×市城建规划处批准,翻建300平方米住宅,并且发给了第×号建筑许可证。而在第二自然段,又认为没办土地审批划拨手续,多占地112.6平方米。《决定》既然承认城建规划处的×号批文。原告按该批文建房就是合法的,应当受到法律保护。如果否定规划处的批文,那么,否定的依据是什么？如果批文无效,应依土地管理法第48条规定,由规划处承担相应的民事责任,而不应当处罚原告。《决定》援引土地管理法第43条之规定也是不恰当的,此条款是争对全民所有制单位和集体所有制单位而言的,对个人建房并未作出具体规定。其次,土地管理法第53条明确规定:"当事人对行政处罚决定不服的,可在接到处罚通知之日起30日内,向人民法院起诉"。而土地管理局却擅自将诉讼时效改为15日。因此,原告认为,《决定》并非依法成立。

综上所述,原告认为,《决定》认定的事实与实际不符,其裁决结果,与法律相悖。因此,请法院详查,依法撤销《决定》,尽快公正裁判。

此致

××省××市人民法院

起诉人:黄×
一九九二年×月×日

附:1.建房申请书1份;

2.×街道办事处的批文;

3.×市城建处签发的建房通知单;

4.第×号建筑许可证;

5.×市土地管理局处罚决定书1份;

6.本起诉状副本1份。